MW00342654

French Short Stories Beginners + AUDIO

Improve your reading and listening skills in French

Other books in this series:
Learn French with Stories for Beginners Vol. 2
Learn French with Stories for Beginners Vol. 3

Also available:

Learn French With Stories: 7 Short Stories For Beginner and Intermediate Students
Learn French With Stories: 7 Short Stories For Beginner and Intermediate Students Vol. 2

For more products by Frédéric BIBARD/Talk in French, visit https://www.amazon.com/Frederic-BIBARD (for US) https://www.amazon.co.uk/Frederic-BIBARD (for UK) or go to https://store.talkinfrench.com.

Learn French in a more natural and entertaining way.

*H*ow does a child learn to talk, speak and read? By experience! Someone who cares talks to them, reads to them and teaches them how to write. What little child doesn't like to have a story read to them? Learn how to communicate in French the same way. It doesn't have to be complicated to be effective and enjoyable.

This book contains 15 original French short stories designed to help you **improve your reading and listening skills** and **learn new vocabulary easily.** The stories are fun and engaging. They are written for beginner to low intermediate French learners [or A1-A2 level on the Common European Framework of Reference (CEFR)].

Enjoy yourself while you learn to speak French.

A common complaint for those learning to speak French is how difficult it is to find suitable reading material, and the lack of audio content to practice listening and pronunciation. This book provides a solution for both of those problems. It gives the reader a fun way to learn how to read, speak, listen to and pronounce French without getting bored or intimidated by the monotony of memorizing grammar rules and vocabulary lists. Have fun while learning French!

Useful story themes cultivate a natural development to speaking French instinctively.

Imagine listening to your favorite story. Learning happens naturally. Here, your brain puts the pieces of vocabulary and grammar structures together as you spend time in stories that revolve around real life scenarios. Then, use what you learn in your day-to-day conversations. You retain more because you can actually use it! In learning this way, your instincts connected with communication are engaged and your conversation will flow naturally.

<u>Learn French in a more natural and entertaining way.</u>

Also, this format makes it easy for you to do away with the dictionary! (Thank heavens.) French-English glossaries are tucked into the stories to help you understand certain words. Not only will you will be introduced to over 1,500 French words and expressions, but you will learn how to use them in the proper context.

Boost your progress by using the summary exercises at the end of each story to practice your writing skills.

The stories are not only interesting to read but also revolve around **useful situations.** You learn about:

- Family
- Days/Months
- Numbers
- Weather
- Introducinyourself
- House/Nature
- Clothing
- Shopping
- Visiting/Tourim
- Weekend Activities
- Daily Routine
- Describing yourself
- Food/Cooking
- Jobs and Occupation
- At the Train Station

Advice on how to use this book effectively

While you can choose your own way of enjoying this book, I have prepared some advice on how you can take full advantage of it and maximize your learning and enjoyment.

1. **Don't try to understand everything the first time around.**

    As a beginner, your French skills will take time to develop. You may not understand everything. That's OK. Don't give up or get frustrated just because you are stuck on one word. I have tried to provide as much vocabulary as possible that I believe can instill in your mind the comprehension of the stories. If one word confuses you, just skip it and continue reading.

2. **Beware of direct translation.**

    You may have already learned some individual French words separately. Sometimes, though, when these words are put together, the meaning completely changes. Be careful not to translate word for word. For example: « tout le monde » (literal meaning « all the world ») = everybody. The same idea applies for phrasal verbs. For example: « se mettre » (literal meaning « to put yourself ») = to start / to begin.

3. **Make use of the summary**.

    Each story comes with a sample summary. After reading each story, I encourage you to write your own summary to reinforce the learning process. After creating a summary based on your comprehension, compare it with the one provided. I highly recommend completing this exercise. It's a good way to boost your writing skills.

4. **Review the words you learned.**

    The vocabulary recap at the end of each chapter allows a review which will help you recall and retain the new vocabulary and expressions you learned in the story.

Improve your listening and pronunciation skills with the audio recording

Your book comes with the audio recording of each story, narrated by a native French speaker. Your comprehension of the spoken word will increase as your ears hear how the words sound and when you practice the pronunciation out loud while listening. The simple way a child learns how to communicate is the same method used here: practice and experience.

The stories are recorded in two ways:

- A slow version helps beginners improve their pronunciation
- A normal and natural speed furthers the intermediate and advanced learners' listening and comprehension skills

For beginner-level learners:

1. Read through the story first, focusing on understanding its subject matter and learning the vocabulary.
2. Then listen to the slow audio version to practice your listening comprehension and pronunciation.
3. Now listen to the natural speed version, increasing your ability to understand the story at this speed.

For intermediate to advanced-level learners:

1. Listen to the stories first. Confirm your understanding of them by reading it and checking out the vocabulary.

2. If you need to review, read the story, decide where your understanding needs improvement and start there!

How can you download the audio?

On the last page of this book, you will find the link which enables you to download the MP3 files that accompany this book. Save the files onto any device and listen to the stories anywhere.

Want hands free?

*I*f you would like a hands free and purely audible way to learn French, check out the book on Audible. It provides you with the stories, meanings, vocabulary, the French/English glossary…all of it…**and more** - all audibly.

Instead of four hours of story-telling, you receive more than 20 hours of audio. Needs hands free in the car, while you exercise or shop? This is the answer. Anywhere you go, whatever you're doing, your Audible version of the book goes with you.

For those of you without an Audible account, you can get this book **for free with Audible's 30-Day Trial.** You can unsubscribe any time and the book remains yours. To get the audiobook version for free, go to amazon. com and plug "audible" in the search box. Click on the "audible" icon and choose "Try Audible." You will be directed to the trial offer. Follow the steps provided to get your free book! (Should you enjoy your audible account, the $14.95/month renewal is automatic.)

Those with a current Audible membership can use one credit to gain access to all this book has to offer, a savings of 45% without a membership

<u>Want hands free?</u>

Link available here :

For Amazon.com. Click **here**

For Amazon.co.uk Click **here**

   The audible version includes a French and English glossary of terms thoroughly explained between each paragraph plus other explanations not available in the free audio.

   To get the audiobook version for free, go here for <u>Amazon.com</u> or here for <u>Amazon.co.uk</u> click the '**FREE with 30-day trial'** button, and follow the rest of the steps provided there.

   Those who are already Audible members can also proceed to the link provided above and get your copy of the audiobook at a member's price.

Contents

Histoire/Story 1
Le cours de langue

Important! The link to download the MP3 is available at the end of this book click here.

Sharon est **une jeune fille anglaise** qui est venue en France pour **les vacances d'été.** Elle **habite** chez son amie Clémentine Marais. Sharon et Clémentine **correspondent** par emails depuis plus de six mois. C'est **la première fois** qu'elles **se rencontrent**. C'est aussi la première fois que Sharon voyage dans **un pays étranger**. Elle a un peu peur, mais tout se passe très bien. La famille Marais est heureuse d'**accueillir** Sharon, **cependant** la jeune fille ne parle pas très bien français. Clémentine décide de l'emmener dans **un cours de langue pour débutants**.

les vacances d'été - the summer holidays
Habite (habiter) - Live (to live)
une jeune fille anglaise - a young English girl
la première fois - the first time
se rencontrer - to meet
un pays étranger - a foreign country
Accueillir - have as a guest
Cependant – however
un cours de langue pour débutants - a language course for beginners

Le cours est **ouvert** à tout le monde et **se déroule** dans une des salles de l'école. Comme c'est les vacances d'été, l'école **est fermée** et les **salles de classe** sont **vides**. Elles sont donc **utilisées** pour d'autres activités, comme le cours de langue. C'est **un professeur bénévole** qui se propose cet été pour accueillir et **aider** les étrangers de la ville à **apprendre** le français.

Ouvert - open
se déroule (se dérouler) - takes place (to take place)
est fermée (être fermé) - closed/to be closed
les salles de classe - The classrooms
Vide – empty
Utilisées - used
un professeur bénévole - a volunteer teacher
Aider - to help
Apprendre - to learn

Sharon et Clémentine sont en avance. Le cours **commence** à trois heures de l'après-midi et il est seulement deux heures et demie. Mais il y a déjà d'autres **élèves** qui sont arrivés, **des filles et des garçons** de tous les âges, qui **discutent** entre eux dans le couloir. Ils ne **se connaissent** pas tous, mais certains sont déjà amis.

Il commence (commencer) - it begins (to begin)
Elèves – students
des filles et des garçons - girls and boys

ils discutent (discuter) - they are talking (to talk)
Ils se connaissent (connaître) - they know each other (to know)

« **Salut !** », dit Clémentine à tout le monde. Sharon est un petit peu **impressionnée**, mais son amie la rassure.« **Tout va bien se passer** », lui dit-elle alors que le professeur **arrive** à son tour. Dans la salle de classe, **les tables et les chaises** sont **installées en cercle**. Les élèves s'assoient chacun à une place. Le professeur se met au centre du cercle. De cette manière, il peut **voir** tout le monde et tout le monde peut se voir. Sur les tables, il y a **des papiers et des stylos** pour que les élèves **écrivent** les mots importants.

Salut ! - Hi!
Tout le monde – Everybody
impressionné/impressionnée - impressed (M/F)
Tout va bien se passer - Everything's going to be OK
il arrive (arriver) - he comes (to come)
les tables et les chaises - the tables and the chairs
Installées – arranged
en cercle - in a circle
Voir - to see
des papiers et des stylos - papers and pens
écrivent (écrire) - write (to write)

« **Bonjour !**, dit le professeur pour commencer. **Je m'appelle** Monsieur Hardouin. **Mon prénom** est François. **Mon nom complet** est donc François Hardouin. **Et toi, comment tu t'appelles ?** » Le professeur **pose la question** à l'amie de Clémentine. « Je m'appelle Sharon.

- Bonjour, Sharon ! **Comment vas-tu ?**
- **Je vais bien**, merci. Et vous, **comment allez-vous ?**
- **Ça va** aussi. **Quel âge as-tu ?**
- **J'ai quinze ans**, monsieur. **Quel âge avez-vous ?** » Le professeur **rigole** et répond qu'il a quarante-sept ans.

Bonjour ! - Hello!
Je m'appelle... - My name is...
Mon prénom - My first name
Mon nom complet - My full name
Et toi, comment tu t'appelles ? - And you, what is your name? (informal)
Pose la question – Asks (to ask)
Comment vas-tu ? - How are you? (informal)

3

Je vais bien, merci. - I'm fine, thank you. (formal)
Comment allez-vous ? - How are you? (formal)
Ça va - I'm fine (informal)
Quel âge as-tu ? - How old are you? (informal)
J'ai quinze ans - I'm fifteen years old
Quel âge avez-vous ? - How old are you? (formal)
Rigole (rigoler) - Laughs (to laugh)

Monsieur Hardouin pose **les mêmes** questions **à d'autres élèves** qui répondent tous très bien.

« **Quelle est votre nationalité ?**, demande-t-il ensuite en **faisant le tour du cercle.**
- **Je suis française**, répond Clémentine.
- **Moi je suis anglaise**, dit Sharon.
- Et moi **je suis Suisse**, dit un garçon à côté d'elle. **Quelle est ta nationalité ?**
- **Je suis indonésien** et **mon voisin** de table est espagnol.
- Moi **je suis suédois**, je m'appelle Glen. Et toi, **comment tu t'appelles ?**
- **Je m'appelle Alice** et **je suis canadienne.**
- Moi **je suis japonaise. Quel est ton nom ?**, demande une fille à sa voisine d'**en face.**
- **Mon nom est Maria** et **je suis brésilienne. Et toi ?**
- **Je suis hollandais.** J'ai **un cousin allemand** et **une cousine belge. D'où viens-tu ?**
- **Je suis américain**, mais je vis en Italie avec mes parents. Mon père est italien.
- Moi **je suis russe** », termine un autre garçon.
Il y a vraiment beaucoup de nationalités différentes autour du professeur.

les mêmes - the same
à d'autres élèves - to other students
Quelle est votre nationalité ? - What is your nationality? (plural)
faisant le tour du cercle – going around the circle
Je suis français/française - I am French (M/F)
je suis anglais/anglaise - I am English (M/F)
je suis Suisse - I am Swiss (M/F)
Quelle est ta nationalité ? - What is your nationality? (informal)
Je suis indonésien/indonésienne - I am Indonesian (M/F)
mon voisin - my neighbor

je suis suédois/suédoise - I am Swedish (M/F)
comment tu t'appelles ? - What is your name? (informal)
Je m'appelle Alice et je suis canadienne. - My name is Alice and I am
Canadian.
je suis japonais/japonaise - I am Japanese (M/F)
Quel est ton nom ? - What is your name? (informal)
en face de - facing/across from
Mon nom est Maria et je suis brésilienne. Et toi ? - My name is Maria
and I am Brazilian. And you?
Je suis hollandais/hollandaise - I am Dutch (M/F)
un cousin allemand - a German cousin (M)
une cousine belge - a Belgian cousin (F)
D'où viens-tu ? - Where are you from? (informal)
Je suis américain/américaine - I am American (M/F)
je suis russe - I am Russian (M/F)

Monsieur Hardouin est content de voir des personnes **venant de** tous les
pays. Il **demande** aux élèves de **travailler ensemble**, par **petits groupes**
de deux ou trois. Sharon et Clémentine **se mettent** avec un jeune garçon
un peu **plus vieux** qu'elles. « Salut !, dit le garçon,Je m'appelle Nicolas.

- **Enchantée**, dit Sharon. **Où habites-tu ?**
- **J'habite à Paris !**
- **Quelle est ton adresse ?**
- **J'habite le 48, rue des Tournelles à Paris**. J'habite dans **un petit ap-
  partement** avec mes parents. **Au-dessus** de chez nous, la voisine est
  très gentille et **en dessous** le voisin est absent. Et toi ?
- Moi **j'habite dans une maison avec ma famille**. J'ai un frère, une
  sœur et un chat.
- **Comment s'appelle-t-il ?**
- Mon chat s'appelle Igor. »

venant de - coming from
Il demande (demander) - he asks (to ask)
travailler ensemble - to work together

petits groupes - small groups
se mettent (se mettre) - Start (to start)
plus vieux – older
Enchanté/enchantée - Nice to meet you (M/F)
Où habites-tu ? - Where do you live? (informal)

J'habite à Paris ! - I live in Paris!
Quelle est ton addresse ? - What is your adress? (informal)
J'habite le 48, rue des Tournelles à Paris. - I live on Tournelles street in Paris.
un petit appartement - a small apartment
Au-dessus - above
En dessous - below
j'habite dans une maison avec ma famille - I live in a house with my family
Comment s'appelle-t-il ? - What is his name?

Sharon ne **parle** pas beaucoup. Elle est un peu intimidée.
« **Pourquoi ?**, lui demande Nicolas.
- **Je ne parle pas très bien français**, répond Sharon. Je suis **ici seulement** pour les vacances.
- Tu es ici depuis **quand ?**
- Depuis une semaine.
- Et **comment** es-tu venue ?
- Je suis venue par le train.
- **Avec qui ?**
- Avec ma mère, mais elle n'a pas fait tout le voyage. Seulement le trajet jusqu'à Paris.
- **Combien** de temps restes-tu en France ?
- Je reste en vacances en France durant trois semaines.
- Et toi, que fais-tu dans la vie ?
- **Je suis étudiant.** Je viens de Normandie et **j'étudie la géographie à l'université.** »

elle parle(parler) - she speaks (to speak)
pourquoi ? - why?
Je ne parle pas très bien le français. - I don't speak French very well.
Ici seulement - here only
quand ? - when?
comment ? - how?
Avec qui ? - With whom?
Combien ? - How much/how many?
Je suis étudiant - I am a student
J'étudie la géographie - I am studying geography

Après une heure de discussion, le professeur annonce qu'il est l'heure de faire **une pause.** « **Excusez-moi**, je reviens, dit Nicolas. **À toute à l'heure !**

- **Oui**, **à plus tard !**», répond Clémentine. Clémentine et Sharon trouvent le garçon très **gentil**. Quand il **revient** après la pause, Clémentine lui demande s'il viendra au **prochain cours**. « **Je ne sais pas**, répond Nicolas. **Quel est ton numéro de téléphone, s'il-te-plait ?** Je **t'appellerai** pour te dire si je viens au cours suivant ou **non**. » Clémentine écrit son numéro de téléphone portable sur le papier et le donne à Nicolas.

« **Merci !** »

une pause - a break
excusez-moi - excuse me (plural or formal)
À toute à l'heure ! - See you later!
Oui - yes
à plus tard ! - see you later!
Gentil - Kind
Revient (revenir) - Comes back (to come back)
Prochain cours - next lesson
je ne sais pas - I don't know
Quel est ton numéro de téléphone ? - What is your phone number?
Je t'appelerai (appeler) - I will call you (to call)
S'il-te-plait - please (informal)
Merci - thank you

Le cours se termine et les élèves ont tous fait connaissance. Sharon se sent plus **confiante** et pense venir au prochain *cours*. « C'était très bien, dit le professeur. On se revoit demain. **À bientôt !**

- **Au revoir**, répondent les élèves.

- **Merci beaucoup**, monsieur, dit Sharon. **Bonne journée**, **à demain !** » Sharon et Clémentine se sont amusées à cette leçon et Clémentine est contente, son amie s'amuse bien. Et maintenant, Sharon sait **se présenter** en français !

Confiante – confident
À bientôt ! - See you soon!
Au revoir – Goodbye
merci beaucoup - thank you very much
bonne journée ! - have a good day!
à demain - see you tomorrow
se présenter - to introduce yourself

Vocabulary Recap 1 :

les vacances d'été - the summer holidays
Habite (habiter) - Live (to live)
une jeune fille anglaise - a young English girl
la première fois - the first time
se rencontrer - to meet
un pays étranger - a foreign country
Accueillir - have as a guest
Cependant – however
un cours de langue pour débutants - a language course for beginners
Ouvert - open
se déroule (se dérouler) - takes place (to take place)
est fermée (être fermé) - closed/to be closed
les salles de classe - The classrooms
Vide – empty
Utilisées - used
un professeur bénévole - a volunteer teacher
Aider - to help
Apprendre - to learn
Il commence (commencer) - it begins (to begin)
Elèves – students
des filles et des garçons - girls and boys
ils discutent (discuter) - they are talking (to talk)
Ils se connaissent (connaître) - they know each other (to know)
Salut ! - Hi!
Tout le monde – Everybody
impressionné/impressionnée - impressed (M/F)
Tout va bien se passer - Everything's going to be OK
il arrive (arriver) - he comes (to come)
les tables et les chaises - the tables and the chairs
Installées – arranged
en cercle - in a circle
Voir - to see
des papiers et des stylos - papers and pens
écrivent (écrire) - write (to write)
Bonjour ! - Hello!

Je m'appelle... - My name is...

Mon prénom - My first name

Mon nom complet - My full name

Et toi, comment tu t'appelles ? - And you, what is your name? (informal)

Pose la question – Asks (to ask)

Comment vas-tu ? - How are you? (informal)

Je vais bien, merci. - I'm fine, thank you. (formal)

Comment allez-vous ? - How are you? (formal)

Ça va - I'm fine (informal)

Quel âge as-tu ? - How old are you? (informal)

J'ai quinze ans - I'm fifteen years old

Quel âge avez-vous ? - How old are you? (formal)

Rigole (rigoler) - Laughs (to laugh)

les mêmes - the same

à d'autres élèves - to other students

Quelle est votre nationalité ? - What is your nationality? (plural)

faisant le tour du cercle – going around the circle

Je suis français/française - I am French (M/F)

je suis anglais/anglaise - I am English (M/F)

je suis Suisse - I am Swiss (M/F)

Quelle est ta nationalité ? - What is your nationality? (informal)

Je suis indonésien/indonésienne - I am Indonesian (M/F)

mon voisin - my neighbor

je suis suédois/suédoise - I am Swedish (M/F)

comment tu t'appelles ? - What is your name? (informal)

Je m'appelle Alice et je suis canadienne. - My name is Alice and I am Canadian.

je suis japonais/japonaise - I am Japanese (M/F)

Quel est ton nom ? - What is your name? (informal)

en face de - facing/across from

Mon nom est Maria et je suis brésilienne. Et toi ? - My name is Maria and I am Brazilian. And you?

Je suis hollandais/hollandaise - I am Dutch (M/F)

un cousin allemand - a German cousin (M)

une cousine belge - a Belgian cousin (F)

D'où viens-tu ? - Where are you from? (informal)

Je suis américain/américaine - I am American (M/F)

je suis russe - I am Russian (M/F)
venant de - coming from
Il demande (demander) - he asks (to ask)
travailler ensemble - to work together
petits groupes - small groups
se mettent (se mettre) - Start (to start)
plus vieux – older
Enchanté/enchantée - Nice to meet you (M/F)
Où habites-tu ? - Where do you live? (informal)
J'habite à Paris ! - I live in Paris!
Quelle est ton addresse ? - What is your adress? (informal)
J'habite le 48, rue des Tournelles à Paris. - I live on Tournelles street in Paris.
un petit appartement - a small apartment
Au-dessus - above
En dessous - below
j'habite dans une maison avec ma famille - I live in a house with my family
Comment s'appelle-t-il ? - What is his name?
elle parle(parler) - she speaks (to speak)
pourquoi ? - why?
Je ne parle pas très bien le français. - I don't speak French very well.
Ici seulement - here only
quand ? - when?
comment ? - how?
Avec qui ? - With whom?
Combien ? - How much/how many?
Je suis étudiant - I am a student
J'étudie la géographie - I am studying geography
une pause - a break
excusez-moi - excuse me (plural or formal)
À toute à l'heure ! - See you later!
Oui - yes
à plus tard ! - see you later!
Gentil - Kind
Revient (revenir) - Comes back (to come back)
Prochain cours - next lesson
je ne sais pas - I don't know
Quel est ton numéro de téléphone ? - What is your phone number?
Je t'appelerai (appeler) - I will call you (to call)
S'il-te-plait - please (informal)

Merci - thank you
Confiante – confident
À bientôt ! - See you soon!
Au revoir – Goodbye
merci beaucoup - thank you very much
bonne journée ! - have a good day!
à demain - see you tomorrow
se présenter - to introduce yourself

Histoire /Story 2
Une année bien remplie

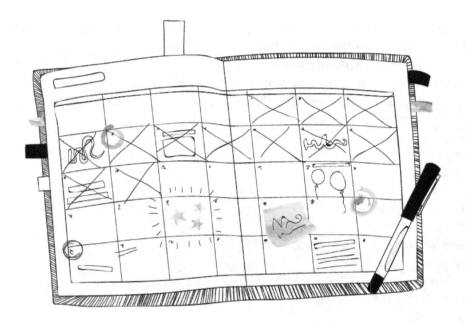

Nous sommes en **septembre**. Gilles est **professeur dans une école**. C'est bientôt la **rentrée scolaire** et Gilles a acheté **un nouvel agenda**. Dedans, il écrit ses heures de cours et les dates d'**anniversaire**. Gilles ne veut rien **oublier**.

« Le début des cours est un **lundi** cette année », dit le professeur à **sa femme**. **Ensemble**, ils font le planning de l'année.

la rentrée scolaire the beginning of the school year
Septembre - September
professeur dans une école - teacher in a school
un nouvel agenda - a new diary
anniversaire - birthday
oublier - to forget
lundi - Monday
sa femme - his wife
ensemble - together

La femme de Gilles s'appelle Hélène. Elle travaille dans **un magasin** de décorations **en ville**. Durant le mois d'**octobre**, elle a souvent beaucoup de **clients**. L'**automne** est une période où Hélène **travaille** beaucoup. Pour son mari, cette **saison** est aussi chargée. Il y a les cours et le **cinq** octobre c'est l'anniversaire de **sa mère**. Gilles note dans son agenda de lui **acheter** un beau **cadeau**.

Un magasin - a shop
en ville - in town
octobre - October
clients - customers
automne - autumn
travaille/travailler - works (to work)
saison - season
cinq - five
acheter - to buy
cadeau - gift

« En **novembre**, la boutique sera remplie de décorations pour Halloween, explique Hélène. Tu pourras **préparer** une animation pour tes **élèves**. » Gilles **est d'accord**. Il écrit de préparer quelque chose pour cette **fête**. « La Toussaint nous donnera un peu de repos, dit le professeur. Mais il faudra acheter des **fleurs** pour aller au **cimetière**.

- Il y a un fleuriste dans **la rue** où je travaille, je les **achèterai** dans cette boutique. »

Novembre - November
Preparer - to prepare
Élèves - students

est d'accord/être d'accord - Agrees (to agree)
fête - celebration
fleurs - flowers
cimetière - cemetary
la rue - the street
Achèterai (acheter) - Will buy (to buy)

Décembre est le mois que Gilles préfère. Sa femme **n'aime pas la fin de l'année**. Elle pense qu'il fait trop **froid** et que **la nuit** vient vite. Gilles est d'accord avec **son épouse** : décembre n'est pas le mois le plus **joyeux**. « Mais il y a les fêtes de fin d'année ! , dit-il avec **un sourire**. Et ce sont **les vacances d'hiver**. Nous pourrons **nous reposer**.»

- Non, nous ne pourrons **pas vraiment** nous reposer, répond Hélène. Il y a les cadeaux de **Noël** à acheter, le sapin à décorer et le réveillon de Noël à préparer.

- **Tu as raison**. Et ensuite, le trente-et-un décembre c'est le réveillon de la Saint-Sylvestre. » Hélène et Gilles feront la fête pour le premier de l'an et ils se reposeront **le lendemain**.

Décembre - December
n'aime pas la fin de l'année - doesn't like the end of the year
froid - cold
la nuit - the night
son épouse - his spouse
joyeux - joyful
un sourire - a smile
les vacances d'hiver - winter holidays
Se reposer - to rest
pas vraiment - not really
Noêl - Christmas
tu as raison - you are right
le lendemain - the day after

« Noël est un **mardi** cette année », dit Gilles. Le professeur n'aime pas les mardis. Il préfère le **mercredi** ou le **jeudi** car ces jours sont **au milieu de la semaine**. **Janvier** est un mois **généralement** très froid. C'est encore **l'hiver**. Hélène aime **le printemps**, avec les fleurs qui sortent de la terre et les feuilles qui poussent sur **les arbres**.

Mardi - Tuesday
Mercredi - Wednesday
Jeudi - Thursday
Au milieu de - In the middle of
la semaine - the week
janvier - January
généralement - generally
l'hiver - the winter
le printemps - the spring
les arbres - the trees

« Du **six** au **dix** janvier, je serai **absente**, dit Hélène, Je vais à Paris pour **rendre visite** à **mon amie** Christine. **Il y a longtemps** que je ne l'ai pas vue. Nous avons prévu de nous voir après **la nouvelle année**. » Gilles note l'absence de sa femme dans son agenda. Il ajoute qu'il aura **la maison** pour lui tout **seul** à ce moment-là.

Six - six
Dix - ten
Absent/absente – Absent (M/F)
rendre visite - to visit
mon ami/mon amie - my friend (M/F)
Il y a longtemps - a long time ago
la maison - the house
seul - alone

En **février**, Gilles écrit de préparer **une surprise** pour Hélène à l'occasion de la Saint-Valentin. Gilles et Hélène **sont mariés** depuis **trois ans** et l'homme veut **offrir** un beau cadeau à sa femme. Il se souvient de leur **premier** rendez-vous, c'était le **huit mars**, **il y a quatre ans**. C'était **une belle journée** ensoleillée et Hélène portait **une robe verte**.

Février - February
une surprise - a surprise
ils sont mariés - they are married
trois ans - three years
offrir - to offer
premier - first
huit - eight
mars - March
il y a quatre ans - four years ago

belle journée - beautiful day
une robe verte - a green dress

Gilles **n'aime pas** du tout **le mois d'avril**. Le premier avril, ses élèves lui font souvent **des blagues**. Ce n'est pas **méchant**, c'est seulement pour **s'amuser**. Gilles aime **rire**, mais il n'aime pas les blagues de ses élèves. Mais le **vendredi sept** avril, c'est l'anniversaire du **père** d'Hélène. **Le couple** sera sûrement invité à **manger un gâteau**, comme **tous les ans**.

N'aime pas - Doesn'tlike
le mois d'avril - the month of April
des blagues - jokes
méchant - mean or malicious
s'amuser - to have fun
rire - to laugh
vendredi - Friday
sept - seven
le couple - the couple
manger un gateau - to eat a cake
tous les ans - every year

« Le mois de **mai** est le plus beau !, dit Hélène.

- Oui, **je suis d'accord,** répond Gilles, Il y a **beaucoup** de fleurs **dehors** et **le temps** est agréable. Peut-être que nous pourrions prendre un week-end de repos à ce moment-là ? »

Hélène est très **contente** de cette idée. Elle montre à **son mari** le programme d'une fête de village qui a lieu en mai. « La fête commence le vendredi et dure jusqu'au **dimanche**. Le **samedi soir**, il y un **bal**. » Gilles aime **danser**. Avec Hélène, ils **iront** au bal.

Mai – May
je suis d'accord - I agree
beaucoup – many
dehors – outside
le temps - the weather
Content/contente – Happy (M/F)
son mari - her husband
samedi soir - Saturday night
bal - ball (dancing)

danser - to dance
iront (aller) - will go (to go)

Le mois de **juin** est dans **neuf** mois, mais le professeur a déjà hâte d'y être.

« C'est l'un des **derniers** mois de l'année scolaire, explique-t-il, Il y a encore beaucoup de **travail**, mais **les vacances d'été** ne sont plus très loin. » Il commencera à faire beau et **chaud** dehors et les élèves voudront sortir dehors pour **profiter** du **beau temps**. « **Je pense** qu'une sortie scolaire sera organisée, dit Gilles, Ce sera **intéressant**. Peut-être que nous irons visiter **un musée** ou un zoo. »

Juin - June
Neuf - nine
Dernier - last
Travail - work
les vacances d'été - the summer holidays
chaud - hot
profiter - to enjoy
beau temps – beautiful (good/nice/fine) weather
je pense - I think
intéressant - interesting
un musée - a museum

Gilles est en vacances au mois de **juillet**. Ses vacances **durent deux mois**, en juillet et en **août**. Hélène **n'a pas** de vacances au mois de juillet, **seulement** en août. C'est généralement la période la plus chaude. Hélène n'aime pas vraiment **la chaleur**, mais les longues nuits d'été sont **merveilleuses**. Avec son mari, **la femme** passe des nuits entières à **regarder les étoiles**.

Juillet - July
durent (durer) - Last (to last)
deux mois - two months
août - August
n'a pas - doesn't have
seulement - only
la chaleur - the heat
merveilleux/merveilleuse - wonderful (M/F)
regarder les étoiles - to look at the stars

« **Peut-être** pourrions-nous partir en vacances cette année ? » **demande** Hélène.

- « Oui, **où** veux-tu aller ? » dit Gilles.

-« **Je ne sais pas**. Dans **un pays** que je ne connais pas.

- **L'an dernier**, nous avons visité l'**Italie**. Cette année, nous pouvons partir en **Allemagne**.

- Je suis d'accord. Et il y a beaucoup de choses à visiter dans ce pays. Nous pouvons partir au moins **dix jours**, non ? » Gilles organisera **un voyage** de **deux semaines**.

Peut-être - perhaps
Demande (demander) - Asks (to ask)
je ne sais pas - I don't know
un pays - a country
l'an dernier - last year
Italie - Italy
Allemagne - Germany
dix jours - ten days
un voyage - a trip
deux semaines - two weeks

Gilles et Hélène ont **rempli** tout l'agenda. Gilles a **également** noté toutes **les dates importantes**. L'année va être chargée, avec de nombreuses **choses à faire**. Entre le travail, **les loisirs**, les fêtes et les anniversaires, le couple n'aura pas le temps de **s'ennuyer** ! « Je préfère une année **bien remplie** plutôt que beaucoup de **temps libre** avec **rien à faire du tout** », dit Gilles. Sa femme est d'accord. Elle aussi préfère être bien occupée, même si elle aime **se reposer**. Et **pour le moment**, Gilles et Hélène peuvent encore profiter des **quelques jours** de libre qu'il **reste** avant la rentrée scolaire.

Remplir - to fill
Également - also
les dates importantes - important dates
choses à faire - things to do
les loisirs - the hobbies
s'ennuyer - to get bored

Histoire /Story 2 Une année bien remplie

bien remplie - busy
temps libre - free time
rien à faire du tout - nothing to do at all
se reposer - to rest
pour le moment - for the moment
quelques jours - few days
rester - to stay

Vocabulary Recap 2 :

la rentrée scolaire - the beginning of the school year
Septembre - September
professeur dans une école - teacher in a school
un nouvel agenda - a new diary
anniversaire - birthday
oublier - to forget
lundi - Monday
sa femme - his wife
ensemble – together
Un magasin - a shop
en ville - in town
octobre - October
clients - customers
automne - autumn
travaille/travailler - works (to work)
saison - season
cinq - five
acheter - to buy
cadeau – gift
Novembre - November
Préparer - to prepare
Élèves - students
est d'accord/être d'accord - Agrees (to agree)
fête - celebration
fleurs - flowers
cimetière - cemetary
la rue - the street
Achèterai (acheter) - Will buy (to buy)
Décembre - December
n'aime pas la fin de l'année - doesn't like the end of the year
froid - cold
la nuit - the night
son épouse - his spouse
joyeux - joyful
un sourire - a smile
les vacances d'hiver - winter holidays
Se reposer - to rest
pas vraiment - not really

Noêl - Christmas
tu as raison - you are right
le lendemain - the day after
Mardi - Tuesday
Mercredi - Wednesday
Jeudi - Thursday
Au milieu de - In the middle of
la semaine - the week
janvier - January
généralement - generally
l'hiver - the winter
le printemps - the spring
les arbres - the trees
Six - six
Dix - ten
Absent/absente - Absent(M/F)
rendre visite - to visit
mon ami/mon amie - my friend (M/F)
Il y a longtemps - a long time ago
la maison - the house
seul - alone
Février - February
une surprise - a surprise
ils sont mariés - they are married
trois ans - three years
offrir - to offer
premier - first
huit - eight
mars - March
il y a quatre ans - four years ago
belle journée - beautiful day
une robe verte - a green dress
N'aime pas - Doesn'tlike
le mois d'avril - the month of April
des blagues - jokes
méchant - mean or malicious
s'amuser - to have fun
rire - to laugh
vendredi - Friday
sept - seven
le couple - the couple

manger un gateau - to eat a cake
tous les ans - every year
Mai – May
je suis d'accord - I agree
beaucoup – many
dehors – outside
le temps - the weather
Content/contente - Happy(M/F)
son mari - her husband
samedi soir - Saturday night
bal - ball (dancing)
danser - to dance
iront (aller) - will go (to go)
Juin - June
Neuf - nine
Dernier - last
Travail - work
les vacances d'été - the summer holidays
chaud - hot
profiter - to enjoy
beau temps – beautiful (good/nice/fine) weather
je pense - I think
intéressant - interesting
un musée - a museum
Juillet - July
durent (durer) - Last (to last)
deux mois - two months
août - August
n'a pas - doesn't have
seulement - only
la chaleur - the heat
merveilleux/merveilleuse - wonderful (M/F)
regarder les étoiles - to look at the stars
Peut-être - perhaps
Demande (demander) - Asks (to ask)
je ne sais pas - I don't know
un pays - a country
l'an dernier - last year
Italie - Italy
Allemagne - Germany
dix jours - ten days

un voyage - a trip
deux semaines - two weeks
Remplir - to fill
Également - also
les dates importantes - important dates
choses à faire - things to do
les loisirs - the hobbies
s'ennuyer - to get bored
bien remplie - busy
temps libre - free time
rien à faire du tout - nothing to do at all
se reposer - to rest
pour le moment - for the moment
quelques jours - few days
rester - to stay

Histoire/Story 3
Quel temps fait-il de l'autre côté du monde ?

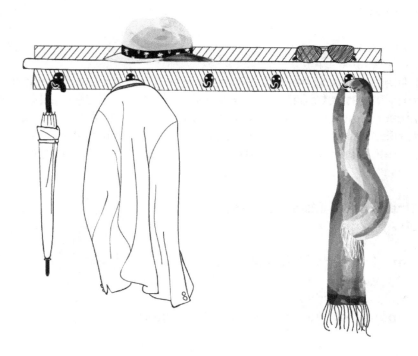

Pierre Lemarchand est **un vieil homme. Il a quatre-vingt-cinq ans.**
Il est **retraité** maintenant et vit avec **sa femme**, Gilberte, et **leur chat**,
dans **une grande maison**. Le chat s'appelle Ronron et **il ne sort pas**
souvent dans **le jardin**. Quand il travaillait, Pierre était **météorologue.**
Il s'occupait **à prédire le temps** qu'il allait faire, si **le soleil** allait **briller**
ou si **la pluie** allait tomber.

un vieil home - an old man
Il a quatre-vingt-cinq ans - He is eighty-five years old
Retraité - retired
sa femme - his wife
leur chat - their cat
une grande maison - a big house
il ne sort pas - he doesn't go out
le jardin - the garden
météorologue - meteorologist
prédire - to predict/to foresee
le temps - the weather
le soleil - the sun
briller - to shine
la pluie - the rain

Son métier lui **manque**, car Pierre aimait vraiment beaucoup **son travail**. Mais **maintenant** qu'il est à la retraite, il continue de **s'intéresser** au temps. Pierre **regarde** la météo **tous les jours** à la télévision. **Le bulletin météorologique** passe avant les informations de **midi** et après celles du **soir**. Soit **deux fois par jour**. Mais Pierre ne regarde que le bulletin météo du midi.

Manque (manquer) - Miss (to miss)
son travail - his job
maintenant - now
s'intéresser - to take an interest
regarder - to watch
tous les jours - everyday
le bulletin météorologique - the weather report
midi - noon
soir - evening
deux fois par jour - twice a day

Aujourd'hui, nous sommes au **mois de juillet**. C'est **un jour d'été**. Il fait beau et **chaud**. **La température** est élevée et le temps est **ensoleillé**. Dehors, **le ciel** est bleu et **sans nuages**. **Le thermomètre** indique vingt-huit degrés au soleil. Il fait sûrement un peu plus frais à **l'ombre**. Pierre et Gilberte ne sortent pas à **l'extérieur** car il fait trop chaud. Ils restent à **l'intérieur** et **boivent** beaucoup d'**eau** pour s'hydrater.

Aujourd'hui – today
mois de juillet - month of July

un jour d'été - a day of summer
chaud – hot
la temperature - the temperature
ensoleillé – sunny
le ciel - the sky
sans nuages – cloudless
le thermomètre - the thermometer
l'ombre – a shadow
l'extérieur – outside
l'intérieur – inside
ils boivent (boire) - they drink (to drink)
eau – water

Après avoir mangé, Pierre **allume** la télévision pour regarder le bulletin météo. La présentatrice **montre** d'abord le temps pour tout **le pays** aujo-urd'hui, puis pour **la semaine**. Ensuite, **la carte** change et **la femme** montre le temps qu'il fait **partout dans le monde**. C'est **la partie** que Pierre préfère : **connaître** le temps de **l'autre côté** du monde. Les prévisions pour **le climat** sont toujours **intéressantes**.

Il allume (allumer) - he turns on (to turn on)
elle montre (montrer) - she shows (to show)
le pays - the country
la semaine - the week
la carte - the map
la femme - the woman
partout dans le monde - everywhere in the world
la partie - the part
connaître - to know
le climat - the climate
intéressant/ intéressante - interesting (M/F)

Pierre **regarde** la carte des **prévisions**. En Europe, le temps est très varié. À **l'est**, en Allemagne, il ne fait pas beau. Il y a de la **pluie** et le temps est **gris.** Le ciel est **couvert** et **le soleil est caché**. **Il pleut à verse**. Il y a du **vent** aussi. Mais les températures sont **élevées** donc il y a des risques d'**orage** pour **la nuit prochaine**. « **J'aime** les orages, dit Pierre à Gilberte, Mais je n'aimerais pas **habiter** en Allemagne. Et Ronron **a peur** du **ton-nerre**. »

il regarde (regarder) - he looks (to look)
prévisions - (weather) forecast

l'est - The east
gris - gray
couvert - overcast/dull
le soleil est cache - the sun is hidden
il pleut à verse - it is pouring down
vent - wind
élevées - high
orage - storm
la nuit prochaine - the coming night
j'aime (aimer) - I like (to like)
habiter - to live
a peur (avoir peur) - is afraid (to be afraid)
tonnerre - thunder

Plus au **nord**, dans les pays de la mer Baltique, il fait **froid**, **même en été**. Mais **le pire** est en **hiver** : le ciel est vraiment très **sombre** toute **la saison**. Il y a **des gelées** le matin et **le sol** est **mouillé**. Les routes sont glissantes avec du **verglas**. Dans la journée, il peut **neiger**, parfois même y avoir de **la grêle**. Pierre se souvient d'**une tempête** de grêle **il y a trois ans**, c'était impressionnant et violent. Des **fenêtres** s'étaient cassées sous le choc. « Dans **le sud** aussi, il peut faire très froid, dit Pierre. Mais ce n'est pas très fréquent. »

Nord - north
Froid - cold
même en été - even during summer
le pire - the worst
hiver - winter
somber – dark
la saison - the season
des gelées (geler) – freeze (to freeze)
sol – ground
mouillé – wet
verglas – (black) ice
neiger - to snow
la grêle - the hail
une tempête - astorm/a high wind
il y a trois ans - three years ago
fenêtres - windows
le sud - the south

Quand le bulletin météorologique est **terminé**, Pierre **éteint** la télévision. C'est **l'après-midi** et, avec Gilberte, il va **se reposer**. Ensuite, mari et femme feront peut-être **un jeu de société**. « J'ai **un livre à terminer**, dit Gilberte, C'est **un roman d'espionnage** et j'arrive à **la fin**. Il ne me reste que **deux chapitres**. Nous pourrons **jouer** après. » Pierre est d'accord. En plus, il doit **écrire** son courrier.

Terminé (terminer) - Finished (to finish)
il éteint (éteindre) - he turns off (to turn off)
l'après-midi - the afternoon
se reposer - to rest
un jeu de société - a board game
un livre - a book
à terminer - to complete
un roman d'espionnage - a spy novel
la fin - the end
deux chapitres - two chapters
jouer - to play
écrire - to write

Le facteur a apporté ce matin **une carte postale** pour Pierre et Gilberte. La carte postale vient d'**un pays étranger**. Elle **a été envoyée** par Sylvie. Sylvie est **la fille** de Pierre et Gilberte qui ont deux enfants. Sylvie a trente-cinq ans. elle est mariée et mère d'un garçon. Avec **sa famille**, Sylvie est en **vacances** au Mexique pour quinze jours. Elle a envoyé une carte postale représentant une pyramide dans **l'ouest** du pays.

Le facteur - the postman
une carte postale - a postcard
un pays étranger - a foreign country
a été envoyé (envoyer) - was sent (to send)
la fille - the daughter
sa famille - her family
vacances - holidays
l'ouest - the West

Pierre **lit** la carte postale : « **Chers parents**, il fait très chaud ici, à Mexico. **Dans la journée**, le temps est **lourd**, mais il n'est pas **orageux**. Nous nous **sommes habitués** à **la chaleur** et nous faisons beaucoup de visites. Nous avons vu/visité beaucoup de monuments mayas et aztèques.

Les temples sont **magnifiques**. Dans la ville, il y a beaucoup de monde, mais **hors de la ville**, les paysages sont superbes. Je fais **beaucoup** de photographies. **La nuit**, ce n'est pas facile de **dormir** avec cette chaleur, même si le temps **se rafraîchit**. Et nous sortons, le soir, pour aller observer **le ciel et les étoiles**. Tout le monde vous **embrasse**, Sylvie. »

il lit (lire) - he reads (to read)
chers parents - dear parents
dans la journée - during the day
lourd - heavy
orageux - stormy
sommes habitués (être habitué) - are used to (to be used to)
la chaleur - the heat
magnifique - beautiful
hors de la ville - outside the city
beaucoup - many
la nuit - the night
dormir - to sleep
se rafraîchit (se rafraîchir) – cools (to cool)
le ciel et les étoiles - the sky and the stars
Embrasse (embrasser) - Kiss (to kiss)

Pierre est **content** d'avoir des nouvelles de sa fille. Il est aussi **heureux** de connaître le climat de **l'autre côté** de l'océan Atlantique. Il **n'**est jamais allé au Mexique, **ni** sur le continent américain. Avec Gilberte, ils ont déjà fait **quelques voyages**, mais **uniquement** en Europe. Ensemble, ils ont visité l'Espagne, l'Italie et la Suisse. Le voyage que Pierre a le plus aimé était l'Italie, car il y a de belles choses à voir et **beaucoup de musées à visiter**.

Content - Happy
Heureux - glad
l'autre côté - the other side
n'…. ni - neither, nor
quelques voyages - some traveling
uniquement - only
beaucoup de musées à visiter - many museums to visit

Gilberte a préféré le voyage en Suisse. Elle a de la famille dans ce pays. Une de ses cousines y habite et elle **offre** toujours du chocolat de **la région** quand quelqu'un vient la voir. Gilberte **adore** le chocolat. Mais elle se souvient que le temps n'était pas **le meilleur**. **Le matin**, le ciel était souvent **couvert** et il y avait de **la brume**. Dans la journée, le ciel devenait **plus clair**, mais le soir il était **de nouveau** sombre avec **du brouillard**. **Sans parler du temps**, c'était un beau voyage.

Elle offre (offrir) - She offers (to offer)
la région - the région
elle adore (adorer) - she loves (to love)
le meilleur - the best
le matin - the morning
couvert - overcast/dull
la brume - mist
plus clair - clearer
de nouveau - again
brouillard - fog
Sans parler du temps - The weather aside

« **Tu aimes le temps** de notre région ?, demande Gilberte à son mari.

- Oui, répond Pierre, Mais je pense que l'hiver est trop froid et l'été est trop chaud.

- Tu n'es **jamais** content ! **Où** aimerais-tu habiter sinon ?

- **Je ne sais pas**. **Quelque part** où l'hiver est chaud et l'été est froid ! » Gilberte rigole. Son mari est **fou**, il veut vivre dans un pays où le temps est **à l'envers** ! « Et bien tu iras habiter de l'autre côté du monde **sans moi** ! »

Tu aimes le temps ? - Do you like the weather?
Jamais - Never
Où - where
Je ne sais pas - I don't know
Quelque part - Somewhere
Fou - crazy
à l'envers - in reverse
sans moi - without me

Vocabulary Recap 3 :

un vieil home - an old man
Il a quatre-vingt-cinq ans - He is eighty-five years old
Retraité - retired
sa femme - his wife
leur chat - their cat
une grande maison - a big house
il ne sort pas - he doesn't go out
le jardin - the garden
météorologue - meteorologist
prédire - to predict/to foresee
le temps - the weather
le soleil - the sun
briller - to shine
la pluie - the rain
Manque (manquer) - Miss (to miss)
son travail - his job
maintenant - now
s'intéresser - to take an interest
regarder - to watch
tous les jours - everyday
le bulletin météorologique - the weather report
midi - noon
soir - evening
deux fois par jour - twice a day
Aujourd'hui – today
mois de juillet - month of July
un jour d'été - a day of summer
chaud – hot
la temperature - the temperature
ensoleillé – sunny
le ciel - the sky
sans nuages – cloudless
le thermomètre - the thermometer
l'ombre – ashadow
l'extérieur – outside
l'intérieur – inside
ils boivent (boire) - they drink (to drink)
eau – water

Il allume (allumer) - he turns on (to turn on)
elle montre (montrer) - she shows (to show)
le pays - the country
la semaine - the week
la carte - the map
la femme - the woman
partout dans le monde - everywhere in the world
la partie - the part
connaître - to know
le climat - the climate
intéressant/intéressante - interesting (M/F)
il regarde (regarder) - he looks (to look)
prévisions - (weather) forecast
l'est - The east
gris - gray
couvert - overcast/dull
le soleil est cache - the sun is hidden
il pleut à verse - it is pouring down
vent - wind
élevées - high
orage - storm
la nuit prochaine - the coming night
j'aime (aimer) - I like (to like)
habiter - to live
a peur (avoir peur) - is afraid (to be afraid)
tonnerre – thunder
Nord - north
Froid - cold
même en été - even during summer
le pire - the worst
hiver - winter
somber – dark
la saison - the season
des gelées (geler) – freeze (to freeze)
sol – ground
mouillé – wet
verglas – (black) ice
neiger - to snow
la grêle - the hail
une tempête – a storm/a high wind
il y a trois ans - three years ago

fenêtres - windows
le sud - the south
Terminé (terminer) - Finished (to finish)
il éteint (éteindre) - he turns off (to turn off)
l'après-midi - the afternoon
se reposer - to rest
un jeu de société - a board game
un livre - a book
à terminer - to complete
un roman d'espionnage - a spy novel
la fin - the end
deux chapitres - two chapters
jouer - to play
écrire - to write
Le facteur - the postman
une carte postale - a postcard
un pays étranger - a foreign country
a été envoyé (envoyer) - was sent (to send)
la fille - the daughter
sa famille - her family
vacances - holidays
l'ouest - the West
il lit (lire) - he reads (to read)
chers parents - dear parents
dans la journée - during the day
lourd - heavy
orageux - stormy
sommes habitués (être habitué) - are used to (to be used to)
la chaleur - the heat
magnifique - beautiful
hors de la ville - outside the city
beaucoup - many
la nuit - the night
dormir- to sleep
se rafraîchit (se rafraîchir) – cools (to cool)
le ciel et les étoiles - the sky and the stars
Embrasse (embrasser) - Kiss (to kiss)
Content - Happy
Heureux - glad
l'autre côté - the other side
n'.... ni - neither, nor

quelques voyages - some traveling
uniquement - only
beaucoup de musées à visiter - many museums to visit
Elle offre (offrir) - She offers (to offer)
la région - the region
elle adore (adorer) - she loves (to love)
le meilleur - the best
le matin - the morning
couvert - overcast/dull
la brume - mist
plus clair - clearer
de nouveau - again
brouillard - fog
Sans parler du temps - The weather aside
Tu aimes le temps ? - Do you like the weather?
Jamais - Never
Où - where
Je ne sais pas - I don't know
Quelque part - Somewhere
Fou - crazy
à l'envers - in reverse
sans moi - without me

Histoire/Story 4
L'anniversaire de Sophie

   Aujourd'hui est un jour spécial pour **la famille** Dupont. Oui, c'est un jour **vraiment** très spécial **car** c'est **l'anniversaire** de Sophie. Et elle **fête** aujourd'hui ses douze ans. **Tout le monde** dans la maison est très excité. Une grande **fête d'anniversaire** a été organisée et beaucoup d'invités sont attendus. Sophie est la plus **jeune** de la famille. C'est la dernière des enfants. Elle a **trois sœurs** et un frère. « Dans ma famille, il y a **un papa**, **une maman** et cinq enfants », peut dire Sophie.

la famille - the family
vraiment - really
car - because
l'anniversaire - the birthday
Fête (fêter) - Celebrates (to celebrate)
Tout le monde - everybody
fête d'anniversaire - birthday party
jeune - young
trois sœurs - three sisters
un papa - a dad
une maman - a mom

Sophie est contente car elle a invité son **amie** Caroline. Caroline a douze ans elle aussi et c'est la **première fois** que la **jeune fille** rencontre la famille Dupont. Quand elle **sonne** à la porte, ce sont monsieur et madame Dupont qui lui ouvrent. « Bonjour, Caroline. Je suis Maurice, **le père** de Sophie. Et voici Anne, **ma femme.**

–   Bonjour Caroline, je suis Anne, **la mère** de Sophie. »

ami/ amie - friend (M/F)
première fois - first time
jeune fille - young girl
sonne (sonner) - rings (to ring)
le père - the father
ma femme - my wife
la mère - the mother

Caroline entre dans la maison et **les parents** de Sophie **préviennent** leur fille que sa copine est arrivée. Ensemble, les **deux filles** montent dans la chambre des enfants. **Le frère** et les sœurs jouent tous ensemble à un jeu de société. « Aujourd'hui, tu vas **rencontrer** toute ma famille ! », explique Sophie.

les parents - the parents
préviennent (prévenir) - let know (to let know)
deux filles - two girls
le frère - the brother
rencontrer - to meet

Plus tard dans la journée, tout le monde est enfin arrivé. Caroline est très impressionnée de voir **autant de** personnes dans une seule pièce de la maison. Sophie fait les présentations. « Voici Michel et Odette. C'est mon **grand-père** et ma **grand-mère** maternels. Ce sont le père et la mère de ma maman. Ils ont deux filles, mais **ils n'ont pas de fils**. Les deux sœurs se ressemblent beaucoup. » Sophie continue **ensuite** en **saluant** ses **grands-parents** paternels, le père et la mère de Maurice.

Autant de - So many
Grand-père - Grandfather
grand-mère - grandmother
ils n'ont pas de fils - they don't have sons
ensuite - then
en saluant - by greeting
grands-parents - grandparents

Dans le salon, Sophie dit bonjour à son **oncle** Paul et sa **tante** Charlotte. Charlotte est la **sœur** de sa mère, **donc** la fille de Michel est Odette et la sœur de Anne. Paul est **le beau-frère** de Anne. Charlotte **travaille** dans un hôpital et elle est **enceinte**. L'enfant **à naître** sera une fille ou peut-être un garçon. **Les conjoints** ne savent pas encore.

Oncle - uncle
Tante - aunt
sœur - sister
donc - so
beau-frère - brother-in-law
Travaille (travailler) - Work (to work)
est enceinte (être enceinte) - is pregnant (to be pregnant)
À naître - to be born
les conjoints - the married/spouses

Paul, **le mari**, est **professeur dans une école**. Avec **son épouse**, ils ont déjà trois enfants : deux garçons et une fille. Ce sont les cousins et **la cousine** de Sophie. « Tu as des **cousins** ?, demande Sophie à Caroline.

- Je n'ai pas de cousins, mais j'ai une cousine. Ses parents se sont mariés très jeunes et ils ont **divorcés** il y a un an. Ma cousine est très gentille, mais elle n'aime pas sa **belle-mère**. Elle a un chat comme **animal domestique**.

-Je préfèrerais avoir **un chien**, **un oiseau** ou **un poisson** », répond Sophie.

Mari - husband
professeur dans une école - teacher in a school
Époux /épouse - Spouse(M/F)
le cousin/ la cousine - the cousin (M/F)
les cousins - the cousins
divorcés - divorced
belle-mère - stepmother
animal domestique - pet
un chien - a dog
un oiseau - a bird
un poisson - a fish

Nicolas vient voir les deux amies. **Le jeune homme** est **le neveu** de Maurice. C'est **le fils** de Jacques, qui est **le frère** de Maurice. Nicolas est donc un autre cousin de Sophie. « Je n'ai pas de frère et je n'ai pas de sœur. **Je suis fils unique**, dit-il en se présentant. Mais je **voudrais un frère jumeau** ! ».

Le jeune homme - The young man
le fils - the son
le frère - the brother
je suis fils unique - I am an only child
Voudrais (vouloir) - Want/would like (to want)
un frère jumeau - a twin brother

C'est l'heure de **se mettre à table** pour manger **le gâteau d'anniversaire**. Sophie s'assoit à côté de son amie, de ses cousins et de **la belle-soeur** de son père. **De l'autre côté** de la table, il y a ses grands-parents, ses parents et ses **oncles et tantes**.

Tous sont heureux pour Sophie.

Se mettre à table - To sit down at the table
le gâteau d'anniversaire - the birthday cake
la belle-soeur - the sister-in-law
de l'autre côté - on the other side
oncles et tantes - uncles and aunts

   Après avoir mangé le gâteau et avant d'ouvrir **les cadeaux**, Sophie demande à Caroline de lui parler de sa famille. « Dans ma famille, **j'ai** un frère et une sœur **cependant** je n'ai pas de grands-parents. Mes **arrière-grands-parents** sont toujours **vivants**, mais ils vont bientôt **mourir**. Mon **arrière-grand-père** s'appelle Jean et sa femme, mon **arrière-grand-mère**, s'appelle Huguette. Ils ont des **petits-enfants** et des arrière-petits-enfants maintenant. Nous sommes une grande famille ! »

les cadeaux (m) - the gifts
j'ai (avoir) - I have (to have)
cependant - however
arrière-grands-parents - Great-grandparents
vivant - alive
mourir - to die
arrière-grand-père - great-grandpa
arrière-grand-mère - great-grandma
petits-enfants - grandchildren

   Le gâteau est fini. Sophie en a mangé deux **parts.** Son frère a préféré **les bonbons**. « **J'aime** le gâteau, il est bon !, dit Sophie à Caroline. Mais **je n'aime pas** le jus d'orange, je vais boire de l'eau.

   - Tu **ouvres** tes cadeaux ensuite ? », **demande** Caroline.

   Il y a **beaucoup** de cadeaux à ouvrir et Caroline espère que **le sien** va **plaire à** son amie.

Parts (f)- slices
Les bonbons (m) - The candy
J'aime - I like
je n'aime pas - I don't like
Ouvres (ouvrir) - Open (to open)
Demande (demander) - Asks (to ask)
Beaucoup - many
le sien - her own
Plaire à - To please

   On sonne de nouveau à la porte. **La nièce** de Maurice et **le neveu** d'Anne sont les plus **étonnés**. « Tout le monde est déjà là ! », disent-ils. **La mère** de Sophie va voir à la porte. Ce n'est pas **un parent**, c'est **le voisin**,

Histoire/Story 4 L'anniversaire de Sophie

Monsieur Durand, qui a sonné. Il sait que c'est l'anniversaire de Sophie au-jourd'hui. Il veut se joindre à la fête et il **a apporté** un cadeau. L'homme est venu tout **seul**. Il est **marié** et son épouse a **deux enfants**, Louis et Kévin. Ce sont les enfants d'un **premier mariage**. Monsieur Durand est donc **le beau-père** de Louis et Kévin.

la nièce - the niece
le neveu - the nephew
étonnés - surprised
la mère - the mother
un parent - a parent
le voisin - the neighbor
A apporté - Brought (to bring)
Seul - alone
Marié - married
deux enfants - two children
premier mariage - first marriage
le beau-père - the father-in-law

Sophie **remercie** Monsieur Durand pour son cadeau. « Regardez le beau **cadre-photo** que le voisin m'a offert ! Je vais mettre dedans une photographie de toute la famille !

- Pour mettre une photo de toute la famille, il faut d'abord en prendre une ! », dit la maman de Sophie **en souriant**. C'est une bonne idée de faire une photo de famille. **Dehors**, il fait beau. Le soleil brille et le ciel est bleu, **sans nuages**. Tout le monde se rassemble dans **le jardin**, der-rière **la maison**. **Les plus jeunes** s'assoient par terre, dans **l'herbe**. Les grands-parents s'assoient derrière les petits-enfants, sur des **chaises**. Les autres **adultes** se placent **debout**.

Remercie (remercier) - Thanks (to thank)
Cadre-photo - Picture frame
En souriant - While smiling
Dehors - Outside
Sans nuages - Cloudless
le jardin - the garden
la maison - the house
les plus jeunes - the youngest
l'herbe - the grass

chaises - chairs
adultes - adults
debout - standing

Tout le monde est prêt pour la photo mais il manque quelqu'un ! « Où sont Sophie et Caroline ? », demande l'oncle à la **belle-fille**. **Les gendres** ne savent pas. Maurice s'inquiète. **Les beaux-parents** d'Anne aussi. Mais Sophie et Caroline arrivent pour la photo. C'est bon, tout le monde est présent cette fois-ci ! « Souriez !, dit le voisin, votre photo de famille va être très réussie ! »

belle-fille - daughter-in-law
les gendres - sons-in-law
les beaux-parents - in-laws

Vocabulary Recap 4 :

la famille - the family
vraiment - really
car - because
l'anniversaire - the birthday
Fête (fêter) - Celebrates (to celebrate)
Tout le monde - everybody
fête d'anniversaire - birthday party
jeune - young
trois sœurs - three sisters
un papa - a dad
une maman - a mom
ami/amie - friend (M/F)
première fois - first time
jeune fille - young girl
sonne (sonner) - rings (to ring)
le père - the father
ma femme - my wife
la mère - the mother
les parents - the parents
préviennent (prévenir) - let know (to let know)
deux filles - two girls
le frère - the brother
rencontrer - to meet
Autant de - So many
Grand-père - Grandfather
grand-mère - grandmother
ils n'ont pas de fils - they don't have sons
ensuite - then
en saluant - by greeting
grands-parents – grandparents
Oncle - uncle
Tante - aunt
sœur - sister
donc - so
beau-frère - brother-in-law
Travaille (travailler) - Work (to work)
est enceinte (être enceinte) - is pregnant (to be pregnant)
À naître - to be born

les conjoints - the married/spouses
Mari - husband
professeur dans une école - teacher in a school
Époux/épouse - Spouse(M/F)
le cousin/ la cousine - the cousin (M/F)
les cousins - the cousins
divorcés - divorced
belle-mère - stepmother
un animal domestique - pet
un chien - a dog
un oiseau - a bird
un poisson - a fish
Le jeune homme - The young man
le fils - the son
le frère - the brother
je suis fils unique - I am an only child
Voudrais (vouloir) - Want/would like (to want)
un frère jumeau - a twin brother
Se mettre à table - To sit down at the table
le gâteau d'anniversaire - the birthday cake
la belle-soeur - the sister-in-law
de l'autre côté - on the other side
oncles et tantes - uncles and aunts
les cadeaux - the gifts
j'ai (avoir) - I have (to have)
cependant - however
arrière-grands-parents (m/pl) - Great-grandparents
vivant - alive
mourir - to die
arrière-grand-père - great-grandpa
arrière-grand-mère - great-grandma
petits-enfants (m) – grandchildren
Parts (f) - slices
Les bonbons (m) - The candy
j'aime - I like
je n'aime pas - I don't like
Ouvres (ouvrir) - Open (to open)
Demande (demander) - Asks (to ask)
Beaucoup - many
le sien - her own
Plaire à - To please

45

la nièce - the niece
le neveu - the nephew
étonnés - surprised
la mère - the mother
un parent - a parent
le voisin - the neighbor
A apporté - Brought (to bring)
Seul - alone
Marié - married
deux enfants - two children
premier mariage - first marriage
le beau-père - the father-in-law
Remercie (remercier) - Thanks (to thank)
Cadre-photo - Picture frame
En souriant - While smiling
Dehors - Outside
Sans nuages - Cloudless
le jardin - the garden
la maison - the house
les plus jeunes - the youngest
l'herbe - the grass
chaises (f) - chairs
adultes (m) - adults
debout – standing
belle-fille - daughter-in-law
les gendres - sons-in-law
les beaux-parents - in-laws

Histoire/Story 5
Une belle maison familiale

Clara et Sébastien sont **un jeune couple**. Ils sont **ensemble** depuis deux ans et **se connaissent** depuis cinq ans. Ils veulent **se fiancer** l'année prochaine et **se marier** ensuite. Ils **rêvent de fonder une famille** et d'avoir des enfants. Pour l'instant, les deux **amoureux** souhaitent emménager ensemble. C'est pour cela qu'ils visitent **des maisons** en location. Clara et Sebastien **font appel** à une agence spécialisée.

Un jeune couple - a young couple
se connaissent (connaître) - know each other (to know)
se fiancer - to get engaged
se marier - to get married
rêvent (rêver) - dream (to dream)
fonder une famille - to start a family
amoureux - lovers
des maisons - houses
font appel (faire appel) - call on (to call on)

Le couple est jeune. Clara **travaille** dans une **bibliothèque** et Sébastien est **chauffeur de camions**. Pour l'instant, chacun habite dans **son propre appartement**. Ils cherchent une grande maison **meublée** pour vivre **ensemble**. Clara veut une maison avec **un bureau** et Sébastien veut une maison avec **une cave**. L'agence de locations leur propose de **visiter** une maison qui correspond à leur recherche.

Elle travaille (travailler) - she works (to work)
Bibliothèque (f) - library
chauffeur de camions (m) - truck driver
son propre appartement - his/her own apartment (M/F)
meublé/meublée - furnished (M/F)
ensemble - together
un bureau - an office
une cave - a cellar
visiter - to visit

Le rendez-vous avec **la femme** de l'agence est à quinze heures. Le couple est un petit peu en avance au lieu de rendez-vous, **devant** la maison. Clara regarde **la façade** : elle la trouve très belle, avec **des murs** de **pierres** peintes en rouge et un joli **toit** de tuiles **sombres**. La maison a **un étage**. Sébastien voit qu'il y a **un jardin** devant la maison, avec de **l'herbe**. Il espère que le jardin **se prolonge derrière** la maison et qu'il y a aussi **des arbres**.

La femme - the woman
Devant - in front of
la façade - the facade
des murs - walls
pierres - stones
le toit - roof
sombres - dark

un étage - a floor
un jardin - a garden
l'herbe - the grass
se prolonge (se prolonger) - continues (to continue)
derrière - behind
des arbres - trees

La femme de l'agence s'appelle Catherine. Elle se présente et explique au couple que **le loyer** est dans la **gamme de prix** recherchée. Clara et Sebastien sont **contents** de cette première **bonne nouvelle**. Les trois personnes **entrent** dans la maison. Dans l'entrée, il y a **des placards** pour **ranger** les **manteaux** et les **chaussures**. Il y a aussi **l'escalier** qui monte à l'étage. L'entrée forme un petit **couloir** qui ouvre sur **trois pièces** : **le salon** à droite, **la bibliothèque** à gauche et **la cuisine** au fond.

Le loyer - The rent
gamme de prix - price range
être content - to be happy
bonne nouvelle - good news
ils entrent (entrer) - they enter (to enter)
des placards - cupboards
ranger - to put away
manteaux - coats
chaussures - shoes
l'escalier - the stairs
couloirs - corridor
trois pièces - three rooms
le salon - the living-room
la bibliothèque - the library
la cuisine - the kitchen

Catherine commence par leur **montrer** le salon. Il est assez grand et il y a **une cheminée**. Le canapé et **deux fauteuils** sont **devant** la **cheminée**. Un beau et large **tapis** recouvre **le sol**. Au **plafond**, il y a un **lustre** magnifique. Catherine **allume la lumière** pour montrer que le lustre éclaire bien toute la pièce. **La fenêtre** du salon donne sur le petit jardin devant la maison et sur **la rue**. Catherine explique que le **quartier** est très calme.

Montrer - To show
une cheminée - a fireplace
deux fauteuils - two armchairs

devant - in front of
la cheminée - the fireplace
tapis - carpet
le sol - the floor/the ground
plafond - ceiling
un lustre - ceiling light/chandelier
allumer la lumière - to turn on the lights
la fenêtre - the window
la rue - the street
le quartier - district (neigborhood in this context)

Clara et Sébastien vont ensuite voir la bibliothèque. La pièce est **aussi grande que le salon**. Tous les murs sont recouverts d'**étagères**. Les étagères sont **vides** pour le moment. « Tu pourras ranger tous tes **livres** ! », dit Clara à son compagnon. La bibliothèque sert aussi de **lieu** pour travailler. Contre le mur se trouve **un bureau** avec **une chaise**. À côté il y une belle **horloge** qui donne l'heure exacte, à la seconde près. « C'est parfait, je **mettrai** mon **ordinateur** sur le bureau ! », dit Clara.

aussi grande que le salon - as big as the living room
Étagères - Shelves
Vide - empty
Livres - books
lieu - place
un bureau - a desk
une chaise - a chair
horologe - clock
ordinateur - computer

Dans **la cuisine**, Catherine explique que tout **l'électroménager** est **loué** avec la maison. **Le frigo** marche très bien et **le micro-onde** aussi. Il y a également **un four,** mais pas de **lave-vaisselle**. Par contre, Sébastien observe que **l'évier** est très grand. Sous l'évier, il y a des placards. Dans la cuisine il y a **une porte** qui descend à la cave. Sébastien est heureux **car c'est ce qu'il voulait**. Le jeune homme aime **bricoler** et il pense in-staller son **atelier** et **ses outils** dans la cave. Catherine montre qu'il y a **un congélateur** et un endroit pour ranger **les poubelles**. La cave **ouvre** directement sur le jardin.

l'électroménager - the household appliances
loué - rented

La cuisine - The kitchen
le frigo - the fridge
le micro-onde - the microwave
un four - an oven
le lave-vaisselle - the dishwasher
l'évier - the sink
une porte - a door
car c'est ce qu'il voulait - because that's what he wanted
bricoler - to tinker with
installer - to install
son atelier - his workshop
outils - tools
un congélateur - a freezer
les poubelles - the rubbish bin/dustbin/trash can
ouvrir - to open

Catherine fait ensuite **monter** le couple à l'étage. **Les marches** de l'escalier sont **en bois**. Une fois **en haut,** la femme montre d'abord **la chambre,** avec le grand **lit** pour deux personnes et **l'armoire**. « **Le linge de maison** n'est pas fourni, explique Catherine. Il faudra **apporter** vos **draps**, votre **couverture** ou votre **couette**, vos **oreillers** et vos **serviettes** de toilettes. » Clara pense acheter un joli **couvre-lit**, des **rideaux** pour la fenêtre et installer sa **machine à coudre** dans le coin de la chambre.

monter - to climb (the stairs)
Les marches - the steps
en bois - in wood
en haut - upstairs
la chambre - the bedroom
lit - bed
l'armoire - the wardrobe
le linge de maison - the household linen
fourni - provided
apporter - to bring
draps - sheets
couverture - blanket
la couette - duvet
oreillers (m) - pillows
serviettes (f) - towels
couvre-lits (m) - bedspreads

rideaux (m) - curtains
machine à coudre (f) - sewing machine

La salle de bain se trouve **en face de** la chambre, de **l'autre côté** d'un petit **couloir**. « C'est une salle de bain avec **une baignoire,** ce qui est **pratique** pour prendre des bains et des douches. Il y a un porte-**savon** et une petite étagère pour poser **le shampooing** », dit Catherine. Sébastien voit qu'il y a un grand **miroir** au-dessus du **lavabo** et **une machine à laver** près d'une petite **penderie**. Clara voit qu'il y a une **prise électrique** près du miroir, pratique pour **brancher le sèche-cheveux**. « **Les toilettes** de la maison sont dans une pièce séparée de la salle de bain », dit Catherine en ouvrant la porte suivante.

La salle de bain - The bathroom
en face de - opposite to/across of
l'autre côté - the other side
couloirs (m) - corridor
une baignoire - a bathtub
pratique - convenient
savon - soap
le shampooing - the shampoo
miroir (m) - mirror
lavabo (m) - washbasin
une machine à laver - a washing machine
une penderie - a wardrobe/a closet
une prise electrique - a socket/a outlet
brancher - to plug
sèche-cheveux (m) - hairdryer
les toilettes - the toilets

La dernière pièce de l'étage est une pièce **vide**, sans **meubles**. Au sol, il y a de **la moquette**. « Vous pouvez faire de cette salle ce que vous voulez, dit Catherine.

- Peut-être **une salle de jeu**», pense Sébastien .

- Ou **une chambre d'enfant** », dit Clara.

La jeune femme imagine déjà **les poupées** et les jeux sur la moquette. La pièce a une large fenêtre qui ouvre sur **un balcon**. Le balcon donne sur le jardin à l'arrière de la maison.« Allons voir le jardin, **maintenant** ! », propose Catherine.

La dernière - The last
Vide - empty
Meuble (m) - furniture
Moquette (f) - carpet
salle de jeu (f) - playroom
une chambre d'enfant - a child's room
poupées (f) - dolls
un balcon – a balcony
maintenant - now

Sébastien est **content** de voir que le jardin a une belle **pelouse** bien verte et deux grands arbres pour faire de **l'ombre** l'été. Le jeune homme imagine mettre **une table** de jardin et des chaises, sous l'arbre, pour prendre des déjeuners en famille les jours où le temps est ensoleillé. Clara a une belle **nappe** chez elle, qu'elle n'utilise pas et qui est parfaite.

Content - happy
Pelouse (f) - lawn
l'ombre - the shadow
une table - a table
nappe - tablecloth

Clara et Sébastien ont visité toute la maison. Catherine leur explique qu'il y a aussi **le chauffage central**, des **voisins** charmants et que la maison est **libre** tout de suite. Le couple est content, mais il **a besoin** de **réfléchir**. C'est une décision importante et il faudra organiser **le déménagement**. « Pas de problème, leur dit Catherine, Vous avez le temps pour vous décider. Je vous laisse ma carte de visite avec mon **numéro** de téléphone. Appelez-moi quand vous avez fait votre **choix** ! »

le chauffage central - the central heating
voisins - neighbors
libre - available
a besoin (avoir besoin) - need (to need)
réfléchir - to think
le déménagement - the move
numéro - number
choix - choice

Vocabulary Recap 5 :

Un jeune couple - a young couple
se connaissent (connaître) - know each other (to know)
se fiancer - to get engaged
se marier - to get married
rêvent (rêver) - dream (to dream)
fonder une famille - to start a family
amoureux - lovers
des maisons - houses
font appel (faire appel) - call on (to call on)
Elle travaille (travailler) - she works (to work)
Bibliothèque - library
chauffeur de camions - truck driver
son propre appartement - his/her own apartment (M/F)
meublé/meublée - furnished (M/F)
ensemble - together
un bureau - an office
une cave - a cellar
visiter - to visit
La femme - the woman
Devant - in front of
la façade - the facade
des murs - walls
pierres - stones
toit - roof
sombres - dark
un étage - a floor
un jardin - a garden
l'herbe - the grass
se prolonge (se prolonger) - continues (to continue)
derrière - behind
des arbres - trees
Le loyer - The rent
gamme de prix - price range
être content - to be happy
bonne nouvelle - good news
ils entrent (entrer) - they enter (to enter)
des placards - cupboards
ranger - to put away

manteaux - coats
chaussures - shoes
l'escalier - the stairs
couloirs - corridor
trois pièces - three rooms
le salon - the living-room
la bibliothèque - the library
la cuisine - the kitchen
Montrer - To show
une cheminée - a fireplace
deux fauteuils - two armchairs
devant - in front of
la cheminée - the fireplace
le tapis - carpet
le sol - the floor/the ground
plafond - ceiling
luster - ceiling light/chandelier
allumer la lumière - to turn on the lights
la fenêtre - the window
la rue - the street
quartier - district (neigborhood in this context)
aussi grande que le salon - as big as the living room
Étagères (f) - Shelves
Vide - empty
Livres (m) - books
lieu (m) - place
un bureau - a desk
une chaise - a chair
horologe - clock
ordinateur (m) – computer
l'électroménager - the household appliances
loué - rented
La cuisine - The kitchen
le frigo - the fridge
le micro-onde - the microwave
un four - an oven
le lave-vaisselle - the dishwasher
l'évier (m) - the sink
une porte - a door
car c'est ce qu'il voulait - because that's what he wanted
bricoler - to tinker with

installer - to install
son atelier - his workshop
outils - tools
un congélateur - a freezer
les poubelles - the rubbish bin/dustbin/trash can
ouvrir - to open
monter - to climb (the stairs)
Les marches - the steps
en bois - in wood
en haut - upstairs
la chambre - the bedroom
lit - bed
l'armoire - the wardrobe
le linge de maison - the household linen
fourni - provided
apporter - to bring
draps   - sheets
couverture - blanket
couette (f) - duvet
oreillers (m) - pillows
serviettes (f) - towels
couvre-lits (m) - bedspreads
rideaux (m) - curtains
machine à coudre (f) - sewing machine
La salle de bain - The bathroom
en face de - opposite to/across of
l'autre côté - the other side
couloirs - corridor
une baignoire - a bathtub
pratique - convenient
savon (m) - soap
le shampooing - the shampoo
miroir - mirror
lavabo (m) - washbasin
une machine à laver - awashing machine
une penderie - a wardrobe/a closet
une prise electrique - a socket/a outlet
brancher - to plug
sèche-cheveux (m) - hairdryer
les toilettes - the toilets
La dernière - The last

Vide - empty
Meuble (m) - furniture
Moquette (f) - carpet
salle de jeu (f) - playroom
une chambre d'enfant - a child's room
poupées (f) - dolls
un balcon - a balcony
maintenant - now
Content - happy
Pelouse (f) - lawn
l'ombre (f) - the shadow
une table - a table
nappe (f) - tablecloth
le chauffage central - the central heating
voisins - neighbors
libre - available
a besoin (avoir besoin) - need (to need)
réfléchir - to think
le déménagement - the move
numéro - number
choix - choice

Histoire /Story 6
Un dimanche dans la nature

Ben est **un amoureux de la nature**. Depuis qu'il est enfant il aime **les animaux**, observer **les arbres** et il collectionne **les fleurs**. Le jeune homme se sent très concerné par **l'environnement** et **le réchauffement climatique**. Il pense que les humains vivent sur une planète qu'il faut **protéger**. Les Hommes doivent **faire attention** à leur monde et le sauver pour les générations futures.

Un amoureux de la nature - a nature lover
les animaux - the animals
les arbres - the trees
les fleurs - the flowers
l'environnement - the environment
le réchauffement climatique - The global warming
protéger - to protect
faire attention - to pay attention

Aujourd'hui, nous sommes **dimanche**. C'est le week-end et Ben ne **travaille** pas. Comme le temps est agréable et que **le soleil brille** dehors, le jeune homme décide de faire une marche en **forêt**. Ben n'a pas de **voiture**. Il pense que les voitures sont trop polluantes et que **la pollution** est mauvaise pour **l'atmosphère**. Ben essaye de ne pas **gaspiller**, de **recycler** ses déchets et de ne pas **polluer**.

Dimanche - Sunday
il travaille (travailler) - he works (to work)
le soleil brille - the sun shines
forêt - forest
voiture - car
la pollution - the pollution
l'atmosphère - the atmosphere
gaspiller - to waste
recycler - to recycle
polluter - to pollute

Ben aime beaucoup marcher, mais **aujourd'hui** il prend son **vélo**. Le jeune homme est sportif et les **longues promenades** ne lui **font pas peur**. Il commence par sortir de **la ville** pour aller dans **la campagne**. Ben prend des petites **routes** et des chemins de terre. Il veut **aller** en forêt. Hors de la ville, Ben respire mieux car il n'y a pas **le monoxyde de carbone** des villes. Dans **le ciel**, il y a beaucoup de **nuages**. Ben espère qu'il n'y aura ni **pluie** ni **tempête**.

Aujourd'hui - Today
Vélo - bike
longues promenades - long walks
font pas peur (faire peur) - don't scare (to scare)
la ville - the city
la campagne - the countryside

routes - roads
aller - to go
monoxyde de carbone - carbon monoxide
le ciel - the sky
nuage - cloud
pluie - rain
tempête - storm

Sur **le chemin**, Ben croise d'autres cyclistes et des **promeneurs**. À chaque fois, les gens disent 'Bonjour !' et Ben les salue en retour. Certains des promeneurs ont des fleurs dans **les mains** pour faire un bouquet. Dans la campagne, il est facile de **ramasser des fleurs** et **des herbes** sur **le sol**. La nature est comme un grand **jardin** ouvert à tout le monde et où il n'y a pas besoin de **semer** les **graines**.

Le chemin - The path
Promeneurs - walkers
les mains - the hands
ramasser des fleurs - To pick up flowers
herbe - grass
le sol - the ground/the soil
jardin - garden
semer - to plant/to sow
grains - seeds

Après la campagne, Ben arrive près d'**une rivière**. Le **paysage** est joli, mais Ben sait que, plus loin, il y a **des marais**. Le garçon ne veut pas aller dans les marais car il fait **sombre** et il n'y a rien à voir d'**intéressant**. En plus, les marais sont **pollués**. Certaines personnes viennent déposer leurs **déchets** au lieu de se rendre à la déchetterie. Pourtant, **la déchet-terie** n'est pas loin de la ville et il est possible de tout **recycler** : **le verre**, le **plastique**, le **caoutchouc** et même les déchets **organiques**.

Une rivière - A river
Paysage - landscape
Marais - swamp
sombre - dark
intéressant - interesting
pollué - polluted
déchets - waste/garbage
déchetterie - recycling center

recycler - to recycle
verre - glass
plastique - plastic
caoutchouc - rubber
organique - organic

Ben pense que **le recyclage** est **une très bonne chose**. Il **trie** ses déchets dans les différentes **poubelles** et il va à la déchetterie pour les plus gros objets. « Avec le recyclage, les matériaux sont **réutilisés**, explique souvent Ben à ses amis, Il n'y a pas de perte et c'est bon pour **la couche d'ozone** ! » Tous les amis de Ben ne pensent pas que **les ressources** naturelles de la Terre sont limitées et qu'il faut **réduire** leur consommation.

Le recyclage - The recycling
une très bonne chose - a very good thing
trier - to sort
poubelles - dustbins/trashcans
réutilisés - reused
la couche d'ozone - the ozone layer
ressource - resource
réduire - to reduce

Dans **la vallée**, le jeune homme se sent isolé du **monde.** Au loin, il y a **les montagnes** et Ben sait qu'il y a aussi **un glacier**. L'hiver, cette région est très froide et le sol est **gelé**. Les **arbustes** par ici sont donc très résistants, avec **des feuilles** qui ne tombent pas **en hiver**. Le garçon pense qu'il y a également **un lac** ou peut-être **un étang** dans les montagnes. C'est à cause du réchauffement climatique : quand **la neige fond**, l'eau ne s'écoule pas jusqu'au **fleuve** et forme une réserve.

La vallée - The valley
le monde - the world
les montagnes - the mountains
un glacier - a glacier
geler - to freeze
arbustes - bushes
feuille - leaf
en hiver - in winter
un lac - a lake
un étang - a pond

la neige - the snow
fonder - to melt
fleuve - river

La forêt n'est plus très loin et Ben est **presque** arrivé à destination. Il doit **pédaler** encore un peu et commence à être fatigué. Il décide donc de faire **une petite pause**, pour reprendre des forces. Le jeune homme s'assoit dans l'herbe et sort sa **bouteille d'eau**. Boire lui fait du bien. Ben **mange** aussi un gâteau, mais il ne jette pas **le papier d'emballage** par terre. Non, il met le papier dans **sa poche**. « Je le jetterai à la poubelle **plus tard** ! », dit-il.

La forêt - The forest
presque - almost
pédaler - to pedal
une petite pause - a little break
bouteille d'eau - bottle of water
manger - to eat
le papier d'emballage - the wrapping paper
poche - pocket
plus tard - later

Pendant sa pause, Ben pense à **la plage**. Il n'y a pas de plage dans sa ville, car **Ben habite loin** de la mer. Mais le jeune homme aime **l'océan**. Il veut vivre dans **une maison** sur la plage pour regarder **les marées** le jour et **les étoiles** dans le ciel la nuit. Ben est **un rêveur**. Peut-être qu'un jour son rêve se réalisera. Ben souhaite aussi **aider** les entreprises qui utilisent des **énergies renouvelables**, ou peut-être créer **sa propre entreprise**. Après avoir pensé au futur, Ben reprend son vélo.

La plage - the beach
Ben habite loin de... - Ben lives far away from...
la mer - the sea
l'océan - the ocean
une maison - a house
la marée - the tide
les étoiles - the stars
un rêveur - a dreamer
aider - to help
énergies renouvelables - renewable energies
sa propre entreprise. - his own company

Le garçon arrive **enfin** dans la forêt. C'est **un endroit** que Ben connaît très bien car il vient **souvent** ici. Il connait les chemins et les différents arbres. Il sait aussi où trouver **des champignons** quand c'est la bonne **saison**. Il y a des animaux dans cette forêt, **des cerfs** et des biches. Ben en a déjà vu. Mais il n'a **jamais** vu de troll ! Les parents **racontent** souvent que les forêts sont magiques, mais Ben **pense** que celle-ci est une forêt normale.

Enfin - Finally
un endroit - a place
connaître - to know
souvent - often
champignon - mushroom
saison - season
cerf - deer
jamais - never
raconter - to tell
penser - to think

Sur le chemin du retour, Ben rencontre **un fermier**. L'homme possède une ferme **écologique** et il est très **gentil**. Il invite Ben à visiter la ferme et lui propose **des fruits** et **des légumes**. « Ils sont tous garantis **bio** et **sans pesticides** ! », dit le fermier. Ben est content car les légumes sont beaux et semblent très bons. Il les mangera ce soir. **En revenant chez lui**, le jeune homme pense **au repas** qu'il va préparer. Il se dit aussi que cette journée était très **agréable**. « Et je reviendrai voir le fermier **dimanche prochain** ! »

un fermier - a farmer
écologique - ecological
gentil - nice
légumes - vegetables
bio - organic
sans pesticides - without pesticides
En revenant chez lui - On his way home
Repas - meal
agréable - pleasant
dimanche prochain - next Sunday

Vocabulary Recap 6 :

Un amoureux de la nature - a nature lover
les animaux - the animals
les arbres - the trees
les fleurs - the flowers
l'environnement - the environment
le réchauffement climatique - The global warming
protéger - to protect
faire attention - to pay attention
Dimanche - Sunday
il travaille (travailler) - he works (to work)
le soleil brille - the sun shines
forêt - forest
voiture - car
la pollution - the pollution
l'atmosphère - the atmosphere
gaspiller - to waste
recycler - to recycle
polluter - to pollute
Aujourd'hui - Today
Vélo - bike
longues promenades - long walks
font pas peur (faire peur) - don't scare (to scare)
la ville - the city
la campagne - the countryside
routes - roads
aller - to go
monoxyde de carbone - carbon monoxide
le ciel - the sky
nuage - cloud
pluie - rain
tempête – storm
Le chemin - The path
Promeneurs - walkers
les mains - the hands
ramasser des fleurs - To pick up flowers
herbe - grass
le sol - the ground/the soil
jardin - garden

Histoire /Story 6 Un dimanche dans la nature

semer - to plant/to sow
grains - seeds
Une rivière - A river
Paysage - landscape

Marais - swamp
sombre - dark
intéressant - interesting
pollué - polluted
déchets - waste/garbage
déchetterie - recycling center
recycler - to recycle
verre - glass
plastique - plastic
caoutchouc - rubber
organique - organic
Le recyclage - The recycling
une très bonne chose - a very good thing
trier - to sort
poubelles - dustbins/trashcans
réutilisés - reused
la couche d'ozone - the ozone layer
ressource - resource
réduire - to reduce
La vallée - The valley
le monde - the world
les montagnes - the mountains
un glacier - a glacier
geler - to freeze
arbustes - bushes
feuille - leaf
en hiver - in winter
un lac - a lake
un étang - a pond
la neige - the snow
fonder - to melt
fleuve – river
La forêt - The forest
presque - almost
pédaler - to pedal
une petite pause - a little break

bouteille d'eau - bottle of water
manger - to eat
le papier d'emballage - the wrapping paper
poche - pocket
plus tard - later
La plage - the beach
Ben habite loin de... - Ben lives far away from...
la mer - the sea
l'océan - the ocean
une maison - a house
la marée - the tide
les étoiles - the stars
un rêveur - a dreamer
aider - to help
énergies renouvelables - renewable energies
sa propre entreprise. - his own company
Enfin - Finally
un endroit - a place
connaître - to know
souvent - often
champignon - mushroom
saison - season
cerf - deer
jamais - never
raconter - to tell
penser - to think
un fermier - a farmer
écologique - ecological
gentil - nice
légumes - vegetables
bio - organic
sans pesticides - without pesticides
En revenant chez lui - On his way home
Repas - meal
agréable - pleasant
dimanche prochain - next Sunday

Histoire/Story 7 Refaire sa garde-robe

   Tous les ans, dans la famille Seigner, c'est le grand ménage de **printemps**. Le père range son atelier et ses **outils**, la fille **trie les livres** de la bibliothèque et son frère donne ses **vieux jeux** qu'il n'utilise **plus**. La mère de famille fait du **tri** dans les vêtements de **tout le monde**. Elle ouvre les **placards**, sort les habits et remplit des cartons et des sacs avec **les vêtements** qui ne sont plus portés.

Tous les ans - Every year
printemps - spring
outils - tools

les livres - the books
vieux jeux - old games
ne … plus - not any more
trier - to sort
tout le monde - everybody
placards - cupboards
les vêtements - the clothes

La mère s'appelle Thérésa et aujourd'hui elle trie et range **l'armoire** de son fils Théo. Théo a treize ans. C'est **un adolescent** en pleine péri- ode de **croissance**. Il **grandit** vite et ses parents lui achètent souvent de nouveaux habits quand les anciens sont **trop petits**. C'est pareil avec **les chaussures**. Thérésa demande à son fils de venir l'**aider**. Il y a beaucoup d'affaires à trier dans **la chambre**.

L'armoire - The wardrobe
un adolescent - a teenager
croissance - growth
grandir - to grow up
trop petit - too small
les chaussures - the shoes
aider - to help
la chambre - the bedroom

Thérésa sort tous les habits de l'armoire et les pose sur **le lit**. Tout de suite, Théo prend trois **chemises**, deux **pantalons, un pull** et beaucoup de **t-shirts** qu'il met de côté. « **Pourquoi** tu mets de côté ces vêtements , demande la mère.

- Parce que ce sont mes habits **préférés** !, dit Théo.

-Mais tu ne **portes** plus cette chemise depuis longtemps ! Est-ce qu'elle te va encore ? »

Théo **essaye** la chemise. Oui, elle lui va toujours.

Le lit - The bed
chemise - shirt
pantalon - trousers
un pull - a jumper/sweater
t-shirt - T-shirt

pourquoi ? - why?
Mes préférés - My favorites
porter - to wear
essayer - to try

Théo essaye toutes les autres chemises. Il y en a beaucoup à **carreaux**, plusieurs avec **des rayures** et les autres sont **unies**, sans motifs. Il y a des chemises **claires** et d'autres **foncées**. « Celle-ci est très **confortable** !, dit Théo ,**Je pense** que je vais la garder.

- Mais elle est trop **courte** ! Tu as beaucoup grandi, mon chéri. Il est préférable de ne pas garder tes **vieux habits** et de les donner. » Théo est un peu contrarié, mais **il est d'accord**.

À carreaux - Checkered
à rayures - striped
uni - plain
clair - light
foncé - dark
confortable - comfortable
je pense (penser) - I think(to think)
court - short
vieux habits - old clothes
il est d'accord - he agrees

Ensuite, **le jeune garçon** essaye tous ses t-shirts puis ses pantalons. La plupart de ses pantalons sont **des jeans à la mode**. Mais dans la famille Seigner il n'y a pas de **vêtements de marque**. Les parents trouvent que ces habits sont souvent très **chers**.

« Que penses-tu de cette **salopette** ?, demande Théo à sa mère.

-**Je trouve** qu'elle te va très bien ! Puis elle **est assortie** avec ton **chapeau**.»

Thérésa adore les chapeaux et elle en achète aussi pour ses enfants. L'été, ils sont très **utiles** pour se **protéger** du soleil. C'est la même chose avec les **lunettes de soleil**.

Le jeune garçon - The young boy
jean - jeans

à la mode - fashionable
vêtements de marque - branded clothes
cher - expensive
salopette - overalls
je trouve que - I find that
Est assorti (être assorti) - Matches (to match)
chapeau - hat
utile - useful
protéger - to protect
lunettes de soleil - sunglasses

« **Je crois** qu'il te faut de nouvelles **chaussures**, dit Thérésa à son fils, Tu n'as qu'une seule paire de **baskets** et tes **sandales** sont **usées**. Nous irons au magasin en acheter de **nouvelles**. » Il faut de nouvelles chauss-ures à Théo, par contre il n'a pas besoin de nouvelles **chaussettes**. Il n'a pas non plus besoin de **sous-vêtements** : il en a déjà beaucoup en très bon état. « Mets ton **manteau**, Théo, dit Thérésa, Je prends ma **veste** et mon **chandail** et nous allons au **magasin** de vêtements. »

je crois que - I believe that
chaussures - shoes
baskets - running shoes
sandales - sandals
usées - wore out
nouveau/nouvelle - new (M/F)
chaussettes - socks
sous-vêtements - underwear
manteau - coat
veste - jacket
chandail - cardigan
magasin - shop

Thérésa emmène son fils Théo **en ville** pour faire les boutiques de vêtements. **Sur la route**, ils s'arrêtent dans une boutique spécialisée qui **récupère** les vieux habits pour les revendre **peu cher** aux personnes qui en ont besoin. C'est une boutique spécialisée dans les **vêtements d'oc-casion**. Thérésa trouve que c'est **une très bonne idée** : comme cela, les habits ont **une deuxième vie** !

En ville - in town
sur la route - on the road

récupérer - to collect
peu cher - cheap
vêtements d'occasion - second-hand clothing
une très bonne idée - a very good idea
une deuxième vie - a second life

Dans le magasin de vêtements, Théo va **tout de suite** au rayon enfants. Mais sa mère s'arrête d'abord au **rayon** des vêtements pour femmes. Elle regarde **un chemisier** qu'elle trouve beau, puis **une jupe** assortie. Mais les prix sont un peu **chers** et Thérésa **repose** les deux habits. « Cette **robe** me plaît ! Je vais l'essayer dans la cabine », dit Thérésa.

Elle se souvient qu'elle n'a pas de **collants** à la maison. Si elle **achète** la robe, il faut qu'elle en achète une paire aussi.

Tout de suite - Immediately
rayon   - department
un chemisier - a blouse
une jupe - a skirt
cher - expensive
repose (reposer) - puts down (to put down)
robe - dress
collants - tights
acheter - to buy

De son côté, Théo trouve **un short** et **un polo** à son goût. Il va les **montrer** à sa mère. Dans le rayon des **maillots**, il se demande si le sien lui va encore. « **À ton avis**, quel polo est le plus beau ?, demande Théo à sa maman.

- Je pense que **le bleu** est joli, mais sur **le rouge** je crois que tu peux mettre **le logo de ton école**.

- **Je suis pour** prendre les deux !, dit Théo avec un sourire.

- Non, nous **n'**avons **pas assez** d'argent pour acheter les deux, répond sa mère. **Je suis contre.**»

un short - shorts
un polo – a polo shirt
montrer - to show

maillots - football shirt
à ton avis - in your opinion
bleu - blue
rouge - red
le logo de l'école - the school logo
je suis pour - I am in favor of
pas assez - not enough
je suis contre - I am against

Finalement, Théo repose le polo bleu dans le rayon. Avec sa mère, ils se rendent au rayon des chaussures. Théo essaye **plusieurs** paires à sa taille. « **J'aime** ces sandales., dit le garçon.

- Et **tu portes** bien ces baskets, ajoute sa mère, Nous prenons **les deux** ! » À la caisse, il y a plusieurs personnes devant eux qui **attendent** pour **payer** et la vendeuse prend le temps de mettre correctement tous les vêtements dans **les sacs**.

Plusieurs - several
j'aime - I like
tu portes (porter) - you wear (to wear)
les deux - both
attendre - to wait
payer - to pay
sacs - bags

Une fois rentrés à **la maison** avec leurs achats, Théo **remercie** sa maman pour les nouvelles chaussures et le polo. Puis il monte dans **sa chambre** et range les chaussures dans **le placard**. Devant **le miroir**, le jeune garçon essaye son nouveau polo. « Oui, **je pense** qu'il me va vraiment bien, dit-il en se regardant dans le miroir. **Mes copains** vont tous être **jaloux** et je serai la star de la **récré** ! »

la maison - the house
remercier - to thank
sa chambre - his/her bedroom (M/F)
le placard - the cupboard
le miroir - the mirror
je pense - I think
copains - friends
être jaloux - to be jealous
récré - playground

Vocabulary recap 7 :

Tous les ans - Every year
printemps - spring
outils - tools
les livres - the books
vieux jeux - old games
ne … plus - not any more
trier - to sort
tout le monde - everybody
placards - cupboards
les vêtements - the clothes
L'armoire - The wardrobe
un adolescent - a teenager
croissance - growth
grandir - to grow up
trop petit - too small
les chaussures - the shoes
aider - to help
la chambre - the bedroom
Le lit - The bed
chemise - shirt
pantalon - trousers
un pull - a jumper/sweater
t-shirt - T-shirt
pourquoi ? - why?
Mes préférés - My favorites
porter - to wear
essayer - to try
À carreaux - Checkered
à rayures - striped
uni - plain
clair - light
foncé - dark
confortable - comfortable
je pense (penser) - I think(to think)
court - short
vieux habits - old clothes
il est d'accord - he agrees
Le jeune garçon - The young boy

Histoire/Story 7 Refaire sa garde-robe

jean - jeans
à la mode - fashionable
vêtements de marque - branded clothes
cher - expensive
salopette - overalls
je trouve que - I find that
Est assorti (être assorti) - Matches (to match)
chapeau - hat
utile - useful
protéger - to protect
lunettes de soleil - sunglasses
je crois que - I believe that
chaussures - shoes
baskets - running shoes
sandales - sandals
usées - wore out
nouveau/nouvelle - new (M/F)
chaussettes - socks
sous-vêtements - underwear
manteau - coat
veste - jacket
chandail - cardigan
magasin - shop
En ville - in town
sur la route - on the road
récupérer - to collect
peu cher - cheap
vêtements d'occasion - second-hand clothing
une très bonne idée - a very good idea
une deuxième vie - a second life
Tout de suite - Immediately
rayon - department
un chemisier - a blouse
une jupe - a skirt
cher - expensive
repose (reposer) - puts down (to put down)
robe - dress
collants - tights
acheter - to buy
un short - shorts
un polo – a polo shirt

montrer - to show
maillots - football shirt
à ton avis - in your opinion
bleu - blue
rouge - red
le logo de l'école - the school logo
je suis pour - I am in favor of
pas assez - not enough
je suis contre - I am against
Plusieurs - several
j'aime - I like
tu portes (porter) - you wear (to wear)
les deux - both
attendre - to wait
payer - to pay
sacs – bags
la maison - the house
remercier - to thank
sa chambre - his/her bedroom (M/F)
le placard - the cupboard
le miroir - the mirror
je pense - I think
copains - friends
être jaloux - to be jealous
récré - playground

Histoire/Story 8
Un après-midi de shopping

Aujourd'hui, c'est **samedi**. C'est le week-end et Elsa ne **travaille** pas. Avec son **ami** Fred, ils vont faire les courses dans **un centre commercial**. Elsa veut faire du **lèche-vitrine**, mais Fred n'est pas d'accord : il a beaucoup de **choses** à acheter. Il doit **acheter** à manger et d'autres choses. Fred a écrit **une liste de courses** avec tout ce dont il **a besoin**, pour ne rien **oublier**.

Aujourd'hui - Today
samedi - Saturday

travailler - to work
ami - friend
un centre commercial - a shopping center
faire du lèche-vitrines - to go window shopping
choses - things
acheter - to buy
une liste de courses - a shopping list
avoir besoin - to need
oublier - to forget

Elsa va en bus jusqu'au centre commercial. Elle retrouve Fred sur le parking, **devant les magasins**. Fred est venu en **voiture** car il habite plus loin, **hors de la ville**, là où le bus ne passe pas. **Ensemble**, les deux amis décident de **commencer** par **les magasins de vêtements**. Il y a **plusieurs** boutiques : des magasins de vêtements pour **femmes**, pour **hommes** et pour **enfants**. Certaines boutiques regroupent les vêtements de **tout le monde**.

Devant les magasins - In front of the shops
une voiture - a car
hors de - outside of
la ville - the city
ensemble - together
commencer - to begin
magasins de vêtements - clothes shops
plusieurs - several
femmes - women
hommes - men
enfants - children
tout le monde - everybody

Elsa achète **une robe** et **une cravate** pour son ami. Fred ne sait pas que **la jeune femme** lui a acheté une cravate. Elsa veut lui faire une surprise pour son **anniversaire**. L'anniversaire de Fred est dans **dix jours**. Il fera **une fête** et Elsa est invitée. Ensuite, les deux amis passent devant **la parfumerie**. **L'odeur** est très **agréable**. **Plus loin**, il y a un magasin de **jouets**.

Une robe - a dress
une cravate - a tie
la jeune femme - the young lady

anniversaire - birthday
dix jours - ten days
une fête - a party
la parfumerie - the perfume shop/parfumery
l'odeur - the smell/the fragrance
agréable - pleasant
plus loin - farther
jouets - toys

« Je vais à **la pharmacie**, dit Elsa , **J'ai besoin** de médicaments.

- Tu es **malade** ?, demande son ami Fred.

-Non, je ne suis pas malade. Je vais acheter des **antidouleurs** car je n'en ai plus à la maison.

- D'accord. Je t'attends de ce côté. »

Fred **attend** Elsa devant **la boulangerie**. Le jeune homme aime **le pain**, mais il préfère les gâteaux. La boulangerie est aussi **une pâtisserie**. À l'extérieur, Fred **sent** les bonnes odeurs. Fred veut des **bonbons**, mais dans le centre commercial, il n'y a pas de **confiserie**.

La pharmacie - The pharmacy
j'ai besoin - I need
être malade - to be sick
antidouleurs - pain-killers
attendre - to wait
la boulangerie - the bakery
le pain - the bread
une pâtisserie - a cake shop
sentir - to smell
bonbons - candies
confiserie - sweets shop/confectionery

La boucherie et **la charcuterie** sont **fermées**. C'est l'été et certains magasins sont en **fermeture annuelle**. Fred est un petit peu déçu. Il préfère aller à la boucherie plutôt que d'acheter sa viande au **supermarché**.« J'aime aussi aller **au marché**, dit-il à Elsa, Les fruits et **les légumes** sont beaux et **les prix** sont souvent moins **chers** que dans les **hypermarchés**.

- Je suis d'accord, répond Elsa, mais il n'y a pas de marché **près de ma maison**, c'est dommage. Je dois faire mes courses dans les magasins. »

la boucherie - the butcher's shop
la charcuterie - delicatessen
être fermé - to be closed
fermeture annuelle - annual closing
supermarché - supermarket
marché - market
les légumes - the vegetables
les prix - the prices
hypermarchés - A big supermarket (like Tesco or Walmart)
près de ma maison - near my house

Fred et Elsa passent devant **un marchand de glaces**. Il fait chaud, c'est **le mois de juillet** et beaucoup d'enfants attendent pour avoir une glace. Les glaces de ce marchand sont très bonnes, Elsa en achète **tous les ans**.« Elle sont bonnes, dit Elsa, et elles ne sont pas chères. » Les parents des enfants sont d'accord et le **glacier** a vraiment beaucoup de **clients** et de travail à faire pour servir tout le monde. Quelques enfants payent avec leur **argent de poche**.

Marchand de glaces/glacier - Ice cream seller
le mois de juillet - the month of July
tous les ans - every year
clients - customers
argent de poche - pocket money

Au premier étage du centre commercial, Elsa veut aller à **la librairie**. Fred, lui, a besoin de se rendre au **bureau de tabac**. Il doit acheter des **timbres** pour envoyer des lettres. Il veut aussi acheter **le journal** d'aujourd'hui et des magazines. Le bureau de tabac est grand et sert aussi de **papeterie**. Fred **fume** et il n'a plus de cigarettes. Il demande un paquet au vendeur. « **Le bureau de poste** près de chez moi est fermé pour des travaux, explique Fred à son amie, Je dois acheter mes timbres **ailleurs**. »

premier étage - first floor
la librairie - the bookstore
le bureau de tabac - the tobacco store
timbres - postage stamps
le journal - the newspaper

papeterie - stationary shop
fumer - to smoke
le bureau de poste - the post office
ailleurs - elsewhere

Fred et Elsa passent devant **la bijouterie**. Pendant que la jeune femme regarde **les colliers**, Fred lit le panneau des horaires d'**ouverture** et de **fermeture**. Il voit que la bijouterie est fermée le **lundi**. Ensuite, les deux amis vont au supermarché. Il y a **beaucoup de monde** dans le magasin aujourd'hui. Fred n'aime pas quand il y a trop de monde. Il veut **terminer** ses courses rapidement. Il demande à Elsa de l'**aider**. « Je vais acheter les légumes puis je vais à **la poissonnerie**. Toi, tu vas au **libre-service**. Regarde si il y a des **produits** en **promotion**. » Elsa est d'accord. Elle pense aussi regarder le **maquillage** et le **parfum** si elle a le temps.

Bijouterie - Jeweler's shop/jewelry store
les colliers - the necklaces
ouverture - opening
fermeture - closure
lundi - Monday
beaucoup de monde - many people
terminer - to finish
aider - to help
la poissonnerie - the fishmonger
libre-service - self-service
produit - product
en promotion - on offer
maquillage - makeup
parfum - perfume

Elsa **est perdue** dans les rayons. Elle ne connait pas très bien ce supermarché. Mais elle trouve **le shampooing** et **le rouge à lèvres** qu'elle voulait. Elsa est contente, mais elle doit **trouver** son ami maintenant. La jeune femme passe dans **le rayon** des jouets et revient vers **la sortie**. Non, ce n'est pas de ce côté qu'elle peut trouver Fred. Ah !, le jeune homme est là-bas, plus loin dans le magasin. Elsa voit **le t-shirt rouge** de son ami. Heureusement qu'elle n'est pas perdue dans le magasin.

Être perdu - To be lost
Le shampooing - the shampoo
le rouge à lèvres - the lipstick

trouver - to find
le rayon - the department
la sortie - the exit
le t-shirt rouge - the red t-shirt

Fred a terminé de faire ses courses. Avant de **payer**, il vérifie ses achats une dernière fois. Fred veut être sûr de ne rien oublier. Elsa l'aide à vérifier qu'il a tous ses produits. Oui, c'est bon, tout est là. Ensemble, ils passent à la caisse. Fred paye **en liquide,** mais il n'a pas assez de **monnaie**. « Ce n'est pas grave, dit Elsa, je te prête de **l'argent** pour aujourd'hui. » La jeune femme ouvre son **sac à main** et sort sa **carte de crédit**.

Payer - To pay
en liquid - in cash
monnaie - change/money
l'argent - the money
sac à main - purse
carte de crédit - credit card

Fred est content de son **après-midi** de shopping. Il a passé un bon moment avec son amie Elsa et il a fait toutes ses courses. Et, sur **le reçu**, il voit qu'il y a des **réductions** pour ses prochains achats. Les deux amis vont vers la sortie du centre commercial. Elsa doit **prendre le bus** pour rentrer chez elle et Fred doit ranger les courses dans sa voiture. « Oh non, **il pleut**, dit Elsa, Et je n'ai pas de **parapluie**. Je ne veux pas **attendre** le bus sous la pluie ! » Fred n'a pas de parapluie à **prêter** à la jeune femme. Il lui propose de la ramener chez elle en voiture. « **Merci beaucoup**, dit Elsa, Tu es vraiment un très bon ami ! »

après-midi - afternoon
le reçu - the receipt
réduction - reduction
prendre le bus - to take the bus
il pleut - it's raining
parapluie - umbrella
attendre - to wait
prêter - to lend
merci beaucoup - thank you very much

Vocabulary Recap 8:

Aujourd'hui - Today
samedi - Saturday
travailler - to work
ami - friend
un centre commercial - a shopping center
faire du lèche-vitrines - to go window shopping
choses - things
acheter - to buy
une liste de courses - a shopping list
avoir besoin - to need
oublier - to forget
Devant les magasins - In front of the shops
une voiture - a car
hors de - outside of
la ville - the city
ensemble - together
commencer - to begin
magasins de vêtements - clothes shops
plusieurs - several
femmes - women
hommes - men
enfants - children
tout le monde - everybody
Une robe - a dress
une cravate - a tie
la jeune femme - the young lady
anniversaire - birthday
dix jours - ten days
une fête - a party
la parfumerie - the perfume shop/perfumery
l'odeur - the smell/the fragrance
agéable - pleasant
plus loin - farther
jouets - toys
La pharmacie - The pharmacy
j'ai besoin - I need
être malade - to be sick
antidouleurs - pain-killers

attendre - to wait
la boulangerie - the bakery
le pain - the bread
une pâtisserie - a cake shop
sentir - to smell
bonbons - candies
confiserie - sweetsshop/confectionery
la boucherie - the butcher's shop
la charcuterie - delicatessen
être fermé - to be closed
fermeture annuelle - annual closing
supermarché - supermarket
marché - market
les légumes - the vegetables
les prix - the prices
hypermarchés - A big supermarket (like Tesco or Walmart)
près de ma maison - near my house
Marchand de glaces/glacier - Ice cream seller
le mois de juillet - the month of July
tous les ans - every year
clients - customers
argent de poche - pocket money
premier étage - first floor
la librairie - the bookstore
le bureau de tabac - the tobacco store
timbres - postage stamps
le journal - the newspaper
papeterie - stationary shop
fumer - to smoke
le bureau de poste - the post office
ailleurs - elsewhere
Bijouterie - Jeweler's shop/jewelry store
les colliers - the necklaces
ouverture - opening
fermeture - closure
lundi - Monday
beaucoup de monde - many people
terminer - to finish
aider - to help
la poissonnerie - the fishmonger
libre-service - self-service

produit - product
en promotion - on offer
maquillage - makeup
parfum - perfume
Être perdu - To be lost
Le shampooing - the shampoo
le rouge à lèvres - the lipstick
trouver - to find
le rayon - the department
la sortie - the exit
le t-shirt rouge - the red t-shirt
Payer - To pay
en liquid - in cash
monnaie - change/money
l'argent - the money
sac à main - purse
carte de crédit - credit card
après-midi - afternoon
le reçu - the receipt
réduction - reduction
prendre le bus - to take the bus
il pleut - it's raining
parapluie - umbrella
attendre - to wait
prêter - to lend
merci beaucoup - thank you very much

Histoire/Story 9
Un week-end à Paris

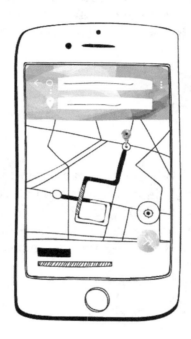

Edward est **anglais**. Il est **étudiant** à l'université et cet été il décide de passer ses **vacances d'été** en France. Il reste **une semaine** dans le nord de la France, dans une **maison de campagne**. La maison appartient à des **amis** de la famille d'Edward. C'est un couple et ils sont très gentils avec le jeune homme. Ils l'aident à **améliorer** son français.

Anglais - English
étudiant - student

vacances d'été - summer holidays
une semaine - one week
maison de champagne - country house
amis - friends
améliorer - to improve

Le week-end, Edward décide d'aller visiter la capitale. Il **prend le train** à Rouen pour se rendre à Paris. Le voyage en train n'est pas très long et se passe bien. Edward **parle** un petit peu avec son voisin de siège et regarde le **paysage à travers la fenêtre**. C'est surtout un paysage de campagne.

Prendre le train - To take the train
il parle (parler) - he talks (to talk)
paysage - landscape/scenery
à travers - through
la fenêtre - the window

Arrivé à Paris, Edward dépose son sac dans **un hôtel**. Il a réservé **une chambre** avant de venir. La femme à l'accueil de l'hôtel est très gentille et la chambre n'est pas grande mais **propre** et agréable. Edward ne sait pas quelle visite il va faire **en premier**. Il y a tant de choses à voir à Paris ! Il demande **un plan de la ville** à la femme de l'accueil.

Un hôtel - A hotel
une chambre - a room
propre - clean
en premier - first
un plan de la ville - a map of the city

« **Vous pouvez me recommander une visite ?**, demande Edward.

-**Vous pouvez visiter la Tour Eiffel**, lui dit la femme.
-**C'est où ?**
- **C'est dans l'ouest de Paris.** »

Edward pense que c'est une bonne idée. Il ira en métro. « **Quelle est la station de métro la plus proche ?** », demande-t-il à la femme.

Vous pouvez me recommander une visite ?   - Can you recommend to me a place to visit?
Vous pouvez visiter la Tour Eiffel - You can visit the Eiffel Tower

C'est où ? - Where is it?
C'est dans l'ouest de Paris. - It's in the west of Paris
Quelle est la station de métro la plus proche ? - Which is the closest metro station?

Le jeune homme trouve la station de métro et **achète** plusieurs tickets pour la journée. Il prend ensuite le métro jusqu'à la Tour Eiffel. Au pied de la tour, il y a **beaucoup** de touristes comme lui. Les touristes ont des **appareils photo**. Edward aussi a amené **le sien**. Au guichet de la Tour Eiffel, Edward demande :« **Ça ouvre à quelle heure ?**

- **C'est ouvert de neuf heures à minuit.** C'est ouvert **tous les jours**, **de juin à septembre**. Mais **c'est fermé le mardi**.

- Merci. Et **ça coûte combien ?** »

Edward voit qu'il a **assez d'argent** pour visiter la Tour Eiffel.

Acheter - To buy
Beaucoup - many
appareil photo - camera
le sien - his own
Ça ouvre à quelle heure ? - What time does it open?
C'est ouvert de neuf heures à minuit. - It's open from 9am to midnight.
C'est ouvert tous les jours - It's open every day
de juin à septembre - from June to September
c'est fermé le mardi - it's closed on Tuesdays
ça coûte combien ? - How much does it cost?
Assez d'argent - Enough money

Le jeune homme a beaucoup aimé la visite de la Tour Eiffel. Il décide maintenant d'aller visiter **le musée du Louvre**. Il prend de nouveau le métro. « Je vais aller voir **une exposition** », dit Edward. Le garçon sort du métro une station **trop tôt. Il est un peu perdu** dans la ville et demande son chemin. Les passants sont très gentils et l'aident à **se repérer**. « **Merci beaucoup !** », dit Edward avant de longer la Seine.

Le musée du Louvre - the Louvre museum
une exposition - an exhibition
trop tôt - too early
être perdu - to be lost

se repérer - find your way
merci beaucoup - thank you very much

Après la visite du musée, le jeune homme se rend à **la cathédrale Notre-Dame** de Paris. **Il aime** l'architecture et il prend beaucoup de photos. Comme il est **midi**, Edward trouve un restaurant. Il **commande** des spécialités locales. Le repas est très bon et **le serveur** est gentil. Avec le café, Edward demande l'addition. Il laisse **un pourboire** au serveur avant de partir.

La cathédrale Notre-Dame - The Notre-Dame cathedral
Il aime (aimer) - He likes (to like)
midi - noon
commander - to order
le serveur - the waiter
un pourboire - a tip

Le long de la Seine, Edward observe **les bateaux mouches**. Il décide de les regarder de plus près. « C'est **combien ?** » , demande Edward. Il veut connaître **le prix** d'un tour en bateau mouche. L'homme lui dit le prix et lui indique aussi que le prochain départ est dans **dix minutes**. Edward achète un billet et monte tout de suite à bord du bateau mouche. Le voyage sur le fleuve est **agréable** et le jeune homme prend de nouvelles photos. En plus, le temps est **ensoleillé**. À côté de lui, d'autres touristes se demandent s'ils vont faire **une visite guidée du Centre Pompidou.**

Le bateau mouche - The river boat
combien - how much/how many
le prix - the price
dix minutes - ten minutes
agréable - pleasant
ensoleillé - sunny
une visite guidée - a guided tour
le Centre Pompidou - the Pompidou center (museum)

Edward **pense** qu'il y a beaucoup trop de choses à visiter à Paris. Heureusement qu'il est dans la capitale durant **deux jours** ! Comme ça, il a plus de temps pour tout visiter. Mais Edward pense qu'il ne peut pas tout voir, il doit **choisir** quelles visites il fera. Demain, il pense aller voir **l'église du Sacré-Coeur**, **l'Arc de Triomphe** et **marcher sur les Champs-Elysées**.

Mais aujourd'hui il a déjà fait beaucoup de choses et il est un peu fatigué. Le jeune homme décide d'**acheter des souvenirs** et des **cartes postales** avant de rentrer à l'hôtel.

Penser - To think
deux jours - two days
choisir - to choose
l'église du Sacré-Coeur - the Sacred Heart church
l'Arc de Triomphe - The Arc de Triomphe
marcher sur les Champs-Elysées - to walk on the Champs-Elysées
acheter des souvenirs - to buy some souvenirs
cartes postales - postcards

Le garçon trouve de jolis souvenirs dans les magasins. Il y a des t-shirts avec la Tour Eiffel, des sacs avec 'Paris' écrit dessus et beaucoup d'autres choses. Le jeune homme achète une petite Tour Eiffel pour **sa sœur** et des cartes postales pour ses **grands-parents**. Les cartes postales montrent la ville et ses monuments. Il achète également des **timbres**, pour pouvoir envoyer les cartes postales et parce que **son père** les collectionne.

Ensuite, il prend une nouvelle fois **le métro** et retourne à l'hôtel.

Sa sœur - His sister
grands-parents - grandparents
timbres - postage stamps
père - father
le métro - the Tube/the Metro

Dans sa chambre, Edward écrit ses cartes postales. Il **raconte** à ses grands parents ce qu'il a visité aujourd'hui, ce qu'**il a aimé** et ce qu'**il n'a pas aimé**. « Chers grands-parents, aujourd'hui j'ai visité Paris. **J'ai vu** la Tour Eiffel et le musée du Louvre. J'ai regardé **les peintures** et les statues. **J'ai admiré la Joconde au Louvre, mais je n'ai pas trouvé ça bien.** Le midi, **j'ai mangé dans un restaurant et c'était vraiment chouette.** J'ai aussi vu Notre-Dame. Je vous montrerai les photos. L'après-midi, **j'ai pris** un bateau mouche. **J'ai marché** près de la Seine et j'ai acheté des souvenirs. Ce soir, je dors dans **un bel hôtel**.

Je pense que la France est un beau pays et j'y passe de bonnes vacances. »

raconter - to tell
il a aimé - he liked
il n'a pas aimé - he didn't like
j'ai vu(voir) - I saw (to see)
les peintures - the paintings
J'ai admiré la Joconde, mais je n'ai pas trouvé ça bien. - I admired the Mona Lisa but I didn't think it was good.
j'ai mangé dans un restaurant et c'était vraiment chouette. - I ate in a restaurant and it was truly great
j'ai pris (prendre) - I took (to take)
J'ai marché (marcher) - I walked (to walk)
un bel hôtel - a nice hotel

Le lendemain, Edward visite **d'autres monuments** de Paris et des musées. Il est très content de toutes ces visites. Dans la rue, **il rencontre** par hasard un ami. Son ami s'appelle Jean, il est français. Comme Edward, Jean est étudiant. Il fait ses études en Angleterre, dans la même université qu'Edward. C'est là que les deux garçons se sont connus. Edward est **heureux** de revoir son ami Jean. Jean est content lui aussi et il propose à Edward de venir manger chez lui ce soir. Edward accepte : c'est une manière agréable de **terminer** son séjour à Paris !

Autres monuments - Other monuments
Rencontrer - to meet
Heureux - glad/happy
Terminer - to finish

Vocabulary Recap 9 :

Anglais - English
étudiant -student
vacances d'été - summer holidays
une semaine - one week
maison de champagne - country house
amis - friends
améliorer - to improve
Prendre le train - To take the train
il parle (parler) - he talks (to talk)
paysage - landscape/scenery
à travers - through
la fenêtre - the window
Un hôtel - A hotel
une chambre - a room
propre - clean
en premier - first
un plan de la ville - a map of the city
Vous pouvez me recommander une visite ?   - Can you recommend to me a place to visit?
Vous pouvez visiter la Tour Eiffel - You can visit the Eiffel Tower
C'est où ? - Where is it?
C'est dans l'ouest de Paris. - It's in the west of Paris
Quelle est la station de métro la plus proche ? - Which is the closest metro station?
Acheter - To buy
Beaucoup - many
appareil photo - camera
le sien - his own
Ça ouvre à quelle heure ? - What time does it open?
C'est ouvert de neuf heures à minuit. - It's open from 9am to midnight.
C'est ouvert tous les jours - It's open every day
de juin à septembre - from June to September
c'est fermé le mardi - it's closed on Tuesdays
ça coûte combien ? - How much does it cost?
Assez d'argent - Enough money
Le musée du Louvre - the Louvre museum
une exposition - an exhibition
trop tôt - too early

être perdu - to be lost
se repérer - find your way
merci beaucoup - thank you very much
La cathédrale Notre-Dame - The Notre-Dame cathedral
Il aime (aimer) - He likes (to like)
midi - noon
commander - to order
le serveur - the waiter
un pourboire - a tip
Le bateau mouche - The river boat
combien - how much/how many
le prix - the price
dix minutes - ten minutes
agréable - pleasant
ensoleillé - sunny
une visite guidée - a guided tour
le Centre Pompidou - the Pompidou center (museum)
Penser - To think
deux jours - two days
choisir - to choose
l'église du Sacré-Coeur - the Sacred Heart church
l'Arc de Triomphe - The Arc de Triomphe
marcher sur les Champs-Elysées - to walk on the Champs-Elysées
acheter des souvenirs - to buy some souvenirs
cartes postales - postcards
Sa sœur - His sister
grands-parents - grandparents
timbres - postage stamps
père - father
le métro - the Tube/the Metro
raconter - to tell
il a aimé - he liked
il n'a pas aimé - he didn't liked
j'ai vu(voir) - I saw (to see)
les peintures - the paintings
J'ai admiré la Joconde, mais je n'ai pas trouvé ça bien. - I admired the Mona Lisa but I didn't think it was good.

j'ai mangé dans un restaurant et c'était vraiment chouette. - I ate in a restaurant and it was truly great

j'ai pris (prendre) - I took (to take)

J'ai marché (marcher) - I walked (to walk)

un bel hôtel - a nice hotel

Autres monuments - Other monuments

Rencontrer - to meet

Heureux - glad/happy

Terminer - to finish

Histoire/Story 10
Qu'est-ce que tu fais ce week-end ?

La famille Durand est une grande **famille** où tout le monde travaille. Le père est **ingénieur** et il travaille toute **la semaine**. La mère est **enseignante** dans une école et elle aussi travaille tous les jours. Les **trois enfants** - deux garçons et une fille - vont à l'école. Le plus grand des garçons s'appelle Gaston et il est au **lycée**. Sa sœur, Stéphanie, va au **collège** et leur frère, Julien, est au collège lui aussi. Les enfants travaillent dur durant la semaine, alors le **samedi** matin, ils **font la grasse**

matinée. Le père ne peut pas dormir ce jour-là, mais il fait la grasse matinée le **dimanche** matin.

Famille - Family
ingénieur - engineer
la semaine - the week
enseignante - teacher
trois enfants - three children
le lycée - the high school
le collège - the middle school
dur - hard
samedi - Saturday
faire la grasse matinée - to sleep late
dimanche - Sunday

Le samedi **après-midi** est beaucoup plus actif dans la famille Durand. Les enfants ont **chacun** une activité et leur maman s'occupe de les emmener en **voiture**. La mère fait aussi les courses ce jour-là. Elle va au **supermarché** et achète tous les produits dont elle a besoin pour **les repas** de la semaine. Souvent, elle achète des **bonbons** pour ses enfants. Mais elle ne leur **donne** des bonbons que quand ils sont **sages** !

Après-midi - Afternoon
Chacun - each
voiture - car
supermarché - supermarket
repas - meal
bonbons - candy
donner - to give
sage - good, well-behaved

En début d'après-midi, avant de prendre la voiture et de **quitter la maison**, les Durands font le ménage. Les enfants **rangent** leurs **chambres** et la mère passe **l'aspirateur** dans toute la maison. Elle prépare le menu des **repas** pour la semaine à venir et elle **téléphone** à ses parents. Les grands-parents de Gaston, Stéphanie et Julien **habitent** dans la campagne. Ils invitent souvent leurs petits-enfants pour les vacances et le dimanche pour le déjeuner.

Quitter la maison - To leave the house
rangent (ranger) - to clean
chambre - bedroom

l'aspirateur - the vacuum cleaner
repas - meal
téléphoner - to phone/to call
habiter - to live

Après le ménage, il est l'heure de partir. « Qu'est-ce que tu fais aujourd'hui, Gaston ?, demande la mère.

- **Je vais au parc pour jouer avec mes copains**. Nous allons jouer au **football** et peut-être faire **une promenade**. » Gaston aime **marcher**. L'an dernier, il est parti tout un mois complet en **randonnée** avec ses amis. Le garçon aime aussi **le cyclisme**. Il fait beaucoup de vélo et regarde les compétitions à la télévision.

Je vais au parc jouer avec mes copains - I go to the park to play with my friends
football - soccer/football
une promenade - a walk
marcher - to walk
une randonnée - a hike
cyclisme - cycling

« D'accord, amuse-toi bien !, dit la mère. J'emmène ta sœur à son cours d'**équitation** et je dépose ton frère. ». Stéphanie adore les animaux. Elle aime surtout **les chevaux** et elle fait de l'équitation depuis trois ans. La jeune fille rêve un jour de participer à **un concours**. Ses parents sont très fiers d'elle. **Pratiquer un sport** est très bien pour les enfants. Ils s'amusent et rencontrent d'autres enfants de leur âge. Si Stéphanie fait de l'équitation, son frère Julien **joue au tennis**.

Faire de l'équitation - to go horseback riding
les chevaux - the horses
un concours - a competition
pratiquer un sport - to practice a sport
jouer au tennis - to play tennis

Madame Durand dépose Stéphanie à sa leçon d'équitation. Dans la voiture, il reste Julien. Sur le trajet vers le cours de tennis, madame Durand dit à son fils qu'elle est contente que celui-ci pratique un sport. « C'est mieux que de **jouer à l'ordinateur** ou de **jouer à la console** toute la journée, dit-elle.

- « Oui, je suis d'accord » répond Julien. « Mais **lire un livre** ou **écouter de la musique** à l'intérieur est aussi une activité **agréable**. » Sa mère pense qu'il faut trouver un **équilibre** entre les différents **loisirs**.

Jouer à l'ordinateur - To play on the computer
jouer à la console - to play video games
lire un livre - to read a book
écouter de la musique - to listen to music
agréable - enjoyable
un équilibre - a balance
loisirs - hobbies

Avant de **commencer** à jouer au tennis, Julien **a essayé** beaucoup d'activités et de sports différents. Il a fait du football, du **ski** en hiver et de la **planche à voile** en été. Mais il n'aimait pas vraiment ces sports. Le garçon a aussi essayé de **jouer aux boules**, mais c'était **ennuyeux**. Quand il était plus jeune, Julien faisait beaucoup de **skate** et de **patin à roulettes** avec ses amis. Un jour, un de ses copains lui a parlé du tennis. Julien a essayé ce sport et l'a trouvé **extraordinaire**.

Commencer - To begin
a essayé (essayer) - tried (to try)
faire du ski - to ski
faire de la planche à voile - to windsurf
jouer aux boules - to play bowls (French game)
ennuyeux - boring
faire du skate - to skate
patin à roulettes - roller-skate
extraordinaire - extraordinary

L'après-midi est bien avancée : il est déjà deux heures et demie. Madame Durand est maintenant toute seule. Ses enfants sont tous occupés et elle va **faire ses courses** au supermarché. Avec sa voiture, elle se rend en **ville** et se gare sur un parking en centre-ville. Comme elle a le temps, elle en profite pour faire du **lèche-vitrine**. Madame Durand aime bien regarder **les vêtements** dans les magasins. Elle va aussi à **la librairie** et achète deux magazines.

Faire ses courses - To do her shopping
ville - city
lèche-vitrine - window-shopping

les vêtements - the clothes
la librairie - the bookstore

À **la sortie** du supermarché, Madame Durand rencontre une de ses amies. Son amie s'appelle Louise et elle attend **son mari** qui est parti acheter des cigarettes. Louise et son mari vont voir **un film** au cinéma. Louise veut voir un film d'action, mais son mari pense regarder une comédie. Alors la jeune femme ne sait pas quel film ils vont aller voir. Mais elle invite madame Durand à venir avec eux. « **Merci**, c'est gentil, dit madame Durand, mais il faut que je rentre à la maison. Je dois **mettre des produits au congélateur**. Une autre fois peut-être ! »

la sortie - the exit
son mari - her husband
un film - a movie
merci - thank you
mettre des produits au congélateur - to put some products in the freezer

Une fois chez elle et après avoir rangé ses courses, madame Durand **fait une pause**. Elle prépare **un thé** et sort **des gâteaux**. La maison est très calme quand les enfants ne sont pas là. C'est très **agréable**. La femme lit un magazine et **boit** son thé. Puis elle regarde le programme du théâtre de la ville. Il y a beaucoup de **pièces intéressantes**. Avec son mari, ils aiment aller au théâtre. Madame Durand téléphone pour **réserver des places**.

Faire une pause - To take a break
un thé - a tea
des gâteaux - some cakes
agréable - pleasant
boire - to drink
pièces intéressantes - interesting plays (theater)
réserver une place - to book a seat

Vers dix-huit heures, tout le monde est de nouveau à la maison. Gaston est **le dernier** à arriver à la maison. Il revient du parc où il **s'est** bien **amusé**. « Comment était ton après-midi ?, demande sa mère.

- Il était très bien. Il faisait beau au parc et j'ai fait une **promenade** avec mes copains », dit Gaston avant de monter dans la chambre. Il va jouer avec **ses frères et sœurs** pendant que sa mère prépare le dîner.

Le dernier - The last
S'est amusé (s'amuser) - Had fun (to have fun)
Promenade - a walk
ses frères et sœurs - his/her siblings

    Voilà un bon samedi de terminé. Quand il rentre chez lui après sa journée de travail, monsieur Durand **est content** de savoir que sa famille est bien occupée pendant le week-end. **Demain**, dimanche, ils pourront **se reposer**. Mais monsieur Durand prépare une surprise pour sa femme et ses trois enfants : **la semaine prochaine**, ils iront tous faire du golf !

Être content - To be happy
Demain - tomorrow
se reposer - to rest
la semaine prochaine - the next week

Vocabulary Recap 10:

Famille - Family
ingénieur - engineer
la semaine - the week
enseignante - teacher
trois enfants - three children
le lycée - the high school
le collège - the middle school
dur - hard
samedi - Saturday
faire la grasse matinée - to sleep late
dimanche - Sunday
Après-midi - Afternoon
Chacun - each
voiture - car
supermarché - supermarket
repas - meal
bonbons - candy
donner - to give
sage - good, well-behaved
Quitter la maison - To leave the house
rangent (ranger) - to clean
chambre - bedroom
l'aspirateur - the vacuum cleaner
repas - meal
téléphoner - to phone/to call
habiter - to live
Je vais au parc jouer avec mes copains - I go to the park to play with my friends
football - soccer/football
une promenade - a walk
marcher - to walk
une randonnée - a hike
cyclisme - cycling
Faire de l'équitation - to go horseback riding
les chevaux - the horses
un concours - a competition
pratiquer un sport - to practice a sport
jouer au tennis - to play tennis
Jouer à l'ordinateur - To play on the computer

jouer à la console - to play video games
lire un livre - to read a book
écouter de la musique - to listen to music
agréable - enjoyable
un équilibre - a balance
loisirs - hobbies
Commencer - To begin
a essayé (essayer) - tried (to try)
faire du ski - to ski
faire de la planche à voile - to windsurf
jouer aux boules - to play bowls (French game)
ennuyeux - boring
faire du skate - to skate
patin à roulettes - roller-skate
extraordinaire - extraordinary
Faire ses courses - To do her shopping
ville - city
lèche-vitrine - window-shopping
les vêtements - the clothes
la librairie - the bookstore
la sortie - the exit
son mari - her husband
un film - a movie
merci - thank you
mettre des produits au congélateur - to put some products in the freezer
Faire une pause - To take a break
un thé - a tea
des gâteaux - some cakes
agréable - pleasant
boire - to drink
pièces intéressantes - interesting plays (theater)
réserver une place - to book a seat
Le dernier - The last
S'est amusé (s'amuser) - Had fun (to have fun)
Promenade - a walk
ses frères et sœurs - his/her siblings
Être content - To be happy
Demain - tomorrow
se reposer - to rest
la semaine prochaine - the next week

Histoire/Story 11
Une journée avec Martin

Martin est un jeune garçon de **neuf ans**. Il **vit** en ville avec sa mère, son père, sa grande sœur et leur chien. Martin est à **l'école** primaire et sa sœur, Lisa, est au **collège**. Durant la semaine, les deux enfants vont à l'école. Ce sont les parents qui les **emmènent** en **voiture**. Et tous les jours, ou **presque**, c'est **la même routine**. Aujourd'hui, Martin **écrit** sa routine dans son **journal intime**.

Neuf ans - Nine years old
vit (vivre) - lives (to live)
l'école - the school
le collège - the middle school
emmènent (emmener) - to take (to transport someone)
une voiture - a car
Presque - almost
la même routine - the same routine
il écrit (écrire) - he writes (to write)
journal intime - diary

Ma routine : le matin **je me réveille** à sept heures. C'est la **sonnerie** du **radio-réveil** qui me sort de mes **rêves**. Parfois, c'est maman qui vient me réveiller. **J'aime** quand c'est maman qui le fait, car elle **ouvre doucement les volets** et tirent **les rideaux** pour que la **lumière** entre dans ma chambre. Ensuite **je me lève** et je m'**étire**.

Je me réveille(se réveiller) - I wake up (to wake up)
Sonnerie - Ringtone
Radio-réveil - Clock-radio
les rêves - the dreams
j'aime (aimer) - I like (to like)
ouvrir - to open
doucement - softly
les volets - the shutters
les rideaux - the curtains
lumière - light
je me lève (se lever) - I get up (to get up)
étire (étirer) - stretch (to stretch (muscles)

Je préfère prendre mon **petit-déjeuner** avant de me laver. **De toute façon**, pendant que je mange **il y a** papa dans **la salle de bain**. Ensuite c'est **le tour** de Lisa, donc **j'ai le temps** chaque matin de prendre mon petit-déjeuner. Souvent, je **mange** des céréales avec du **lait**, des **tartines** et un jus de fruit. J'aime l'odeur de **la cuisine** le matin : **ça sent le café**.

Petit-déjeuner - Breakfast
de toute façon - anyway
il y a - there is
la salle de bain - the bathroom
le tour - the turn

j'ai le temps - I have time
je mange (manger) - I eat (to eat)
Lait - Milk
Tartines - Toast
la cuisine - the kitchen
ça sent le café (sentir) - it smells of coffee (to smell)

Quand j'ai fini de manger, je monte dans la salle de bain. **Je prends une douche**. Il n'y a pas de **baignoire** dans **la maison**, seulement une douche, donc on ne peut pas prendre de **bain**. De toute façon, prendre un bain le matin est **trop long** et je commence l'école à huit heures et demie. Dans la salle de bain, **je me lave**, **je m'habille** et **je me brosse les dents**. Puis je me coiffe. Quand **mes cheveux** sont trop longs, je demande à maman de prendre rendez-vous chez le **coiffeur**. Je préfère avoir les cheveux **courts**.

Je prends une douche - I take a shower
Baignoire - Bathtub
Bain - Bath
la maison - the house
trop long - too long
je me lave - I wash/have a wash
je m'habille (s'habiller) - I get dressed (to get dressed)
je me brosse les dents (brosser) - I brush my teeth (to brush)
mes cheveux - my hair
coiffeur - hairdresser
court - short

Mon **sac de classe** est prêt. Je le prépare la **veille** au soir, comme ça je suis sûr de ne rien **oublier** le matin. **À huit heures**, tout le monde doit être prêt à **quitter la maison**. C'est généralement papa qui nous **dépose**, moi et Lisa, à l'école. Nous y allons en voiture. Lisa va au collège et moi je suis à l'école primaire. J'irai au collège **dans deux ans**. Je ne suis pas **pressé** : le collège **semble difficile**. Mais Lisa dit que non, ce n'est pas si difficile. Après avoir déposé ma sœur **devant** le collège, papa me conduit à l'école. Il reste dix minutes avant que les cours ne **commencent**. J'ai le temps de dire bonjour à **mes copains** et de jouer un peu avec eux.

Sac de classe - Schoolbag
Veille - The day before
Oublier - To forget
à huit heures - at eight o'clock

quitter la maison - to leave the house
déposer - to drop off
dans deux ans - in two years
pressé - in a rush
semble difficile (sembler) - seems difficult (to seem)
devant - in front of
commencer - to begin
mes copains - my friends

Dans la journée, je suis en cours. J'aime bien **le français**, mais je n'aime pas les mathématiques. Je trouve que **l'emploi du temps** est un peu **chargé**, car il y a beaucoup de choses à **apprendre**. Mais heureusement il y a **la récréation** pour faire des pauses. J'aime la récré (récréation), je peux **jouer** avec mes copains et mes copines dans la **cour**. On joue au football et aux **cartes**.

Dans la journée - during the day
le français - The French language
l'emploi du temps - the timetable
chargé - full/busy (schedule)
apprendre - to learn
la récréation - the break
jouer - to play
cour - playground
cartes - cards

Le **midi**, je mange à **la cantine**. Je n'ai pas le temps de rentrer à la maison et ni papa, ni maman ne peuvent venir me chercher à l'école le midi. C'est donc plus pratique que je reste **manger** à la cantine. En plus, **les repas** sont bons et il y a souvent du **gâteau** en dessert. Parfois, il y a même de la **glace** !

Midi - noon
la cantine - the canteen
manger - to eat
les repas - the meals
gâteau - cake
glace - icecream

L'après-midi, je suis encore en cours, avec une autre récréation pour faire **une pause**. Les cours **finissent** à quatre heures et je rentre à la maison. C'est **souvent** maman qui vient me chercher à l'école. **Elle**

vient en voiture et nous allons ensuite chercher Lisa au collège. Une fois à la maison, c'est l'heure du **goûter**. Maman aime **boire** du thé pour le goûter. Moi je bois du lait et je mange des biscuits. Lisa préfère manger des fruits et un yaourt.

L'après-midi - the afternoon
une pause - a break
finir - to finish
souvent - often
elle vient (venir) - she comes (to come)
un goûter - a snack
boire - to drink

Ensuite, je monte dans ma chambre pour **faire mes devoirs**. Quand les exercices sont trop difficiles, **j'appelle** Lisa ou maman pour qu'elles viennent m'**aider**. Mais en général j'arrive à faire mes devoirs tout **seul**. Je fais toujours tous les exercices en entier. Je ne veux pas que la maîtresse me donne **une retenue**. Mon ami Léo ne fait pas **toujours** ses devoirs et il est souvent en retenue.

Faire ses devoirs - To do homework
j'appelle (appeller) - I call (to call)
aider - to help
seul - alone
une retenue - a detention
toujours - always

Quand mes devoirs sont finis, maman me laisse faire ce que je veux **avant** de dîner. Parfois **je joue à la Xbox**. D'autres fois **je surfe sur le net** ou **je chatte avec mes copains**. Mais souvent je vais dans le salon et **je regarde la télé**. Lisa aime bien **lire un livre** ou jouer à des jeux sur **l'ordinateur**. Mais comme elle a plus de devoirs à faire que moi, elle a moins de **temps libre** avant le dîner.

Avant   - Before
jouer à la Xbox - to play Xbox
surfer sur le net - To surf the Internet
chatter avec ses copains - to chat with friends
regarder la télé - to watch TV
lire un livre - to read a book
l'ordinateur - the computer
temps libre - free time

Papa rentre à la maison **vers vingt heures**. C'est l'heure à laquelle nous mangeons tous ensemble. Lisa aide maman à mettre la table et moi je l'aide à **faire la vaisselle** après le repas. **Après** dîner, j'ai encore **le droit** de regarder un peu la télévision. J'aime bien quand il y a des séries télé car je peux voir un épisode **en entier**. Quand c'est **un film**, je ne vois pas **la fin** car je dois aller **me coucher**. J'ai besoin de **dormir** plus que les adultes.

Vers vingt heures - Around 8pm
faire la vaisselle - to do the washing up/to do the dishes
après - after
le droit - the right (to do something)
en entier - full
un film - a movie
la fin - the end
se coucher - to go to bed

La routine du soir ressemble à celle du matin, mais **à l'envers**. Je me lave les dents, je me **déshabille** pour mettre mon pyjama et **je vais au lit** pour me coucher. Maman vient toujours me dire **bonne nuit** dans mon lit. Papa préfère quand je lui fais **un bisou** avant de monter dans ma chambre.

La routine du soir - The evening routine
à l'envers - in reverse
se déshabiller - to undress
aller au lit - to go to bed
bonne nuit - good night
un bisou - a kiss

Je pense que **tous les jours** se ressemblent un peu, mais que chaque jour est aussi différent car il y a toujours **de nouvelles choses** au-delà de la routine quotidienne. Et le week-end, c'est très différent de **la semaine**. Je peux **faire la grasse-matinée** le samedi matin. Il n'y a pas d'école le week-end, mais je **pratique** des activités sportives et je vois mes copains. J'aime bien le week-end, mais j'aime aussi la routine de la semaine.

Tous les jours - Every day
de nouvelles choses - new things
la semaine - the week
faire la grasse matinée - to sleep late
pratiquer - to practice

Vocabulary Recap 11 :

Neuf ans - Nine years old
vit (vivre) - lives (to live)
l'école - the school
le collège - the middle school
emmènent (emmener) - to take (to transport someone)
une voiture - a car
Presque - almost
la même routine - the same routine
il écrit (écrire) - he writes (to write)
journal intime - diary
Je me réveille(se réveiller) - I wake up (to wake up)
Sonnerie - Ringtone
Radio-réveil - Clock-radio
les rêves - the dreams
j'aime (aimer) - I like (to like)
ouvrir - to open
doucement - softly
les volets - the shutters
les rideaux - the curtains
lumière - light
je me lève (se lever) - I get up (to get up)
étire (étirer) - stretch (to stretch (muscles))
Petit-déjeuner - Breakfast
de toute façon - anyway
il y a - there is
la salle de bain - the bathroom
le tour - the turn
j'ai le temps - I have time
je mange (manger) - I eat (to eat)
Lait - Milk
Tartines - Toast
la cuisine - the kitchen
ça sent le café (sentir) - it smells of coffee (to smell)
Je prends une douche - I take a shower
Baignoire - Bathtub
Bain - Bath
la maison - the house
trop long - too long

je me lave - I wash/have a wash
je m'habille (s'habiller) - I get dressed (to get dressed)
je me brosse les dents (brosser) - I brush my teeth (to brush)
mes cheveux - my hair
coiffeur - hairdresser
court - short
Sac de classe - Schoolbag
Veille - The day before
Oublier - To forget
à huit heures - at eight o'clock
quitter la maison - to leave the house
déposer - to drop off
dans deux ans - in two years
pressé - in a rush
semble difficile (sembler) - seems difficult (to seem)
devant - in front of
commencer - to begin
mes copains - my friends
Dans la journée - during the day
le français - The French language
l'emploi du temps - the timetable
chargé - full/busy (schedule)
apprendre - to learn
la récréation - the break
jouer - to play
cour - playground
cartes – cards
Midi - noon
la cantine - the canteen
manger - to eat
les repas - the meals
gâteau - cake
glace - icecream
L'après-midi - the afternoon
une pause - a break
finir - to finish
souvent - often
elle vient (venir) - she comes (to come)
un goûter - a snack
boire - to drink
Faire ses devoirs - To do homework

j'appelle (appeller) - I call (to call)
aider - to help
seul - alone
une retenue - a detention
toujours - always
Avant   - Before
jouer à la Xbox   - to play Xbox
surfer sur le net   - To surf the Internet
chatter avec ses copains   - to chat with friends
regarder la télé   - to watch TV
lire un livre   - to read a book
l'ordinateur   - the computer
temps libre   - free time
Vers vingt heures - Around 8pm
faire la vaisselle - to do the washing up/to do the dishes
après - after
le droit - the right (to do something)
en entier - full
un film - a movie
la fin - the end
se coucher - to go to bed
La routine du soir - The evening routine
à l'envers - in reverse
se déshabiller - to undress
aller au lit - to go to bed
bonne nuit - good night
un bisou - a kiss
Tous les jours - Every day
de nouvelles choses - new things
la semaine - the week
faire la grasse matinée - to sleep late
pratiquer - to practice

Histoire/Story 12
La photo de classe de Lisa

Lisa Dubois est **une jeune fille française** de treize ans. Elle vit dans **une grande ville** avec sa famille : ses parents, son frère Martin et leur chien Joker. Lisa est collégienne. Elle **va au collège** du lundi au vendredi. Elle aime **apprendre** et plus **particulièrement** les **cours de langues**. Lisa **aime** l'histoire, les mathématiques et les leçons de musique, mais elle n'aime pas vraiment le sport. **La jeune fille a beaucoup d'amis** dans sa classe, des filles et des garçons.

Une jeune fille française - A young, French girl
une grande ville - a big city
elle va au collège (aller au collège) - she goes to middle school (to go to middle school)
apprendre - to learn
particulièrement - especially
les cours de langues - The language classes
elle aime (aimer) - she likes (to like)
la jeune fille a beaucoup d'amis - the young girl has many friends

Hier, c'était un grand jour au collège car **c'était** le jour de la photo de classe. Les élèves le **savaient** à l'avance et Lisa s'est faite belle pour ce jour important. La photo de classe est importante pour la fille car elle fait **un souvenir** du collège. Quand elle sera adulte, Lisa pourra **montrer** la photo à ses enfants et leur **raconter** des souvenirs de son école et du temps où elle était **plus jeune**.

Hier - yesterday
c'était - it was
savaient (savoir) - knew (to know)
un souvenir - a memory
montrer - to show
raconter - to tell
plus jeune - younger

Lisa **pense** que la photo de classe c'est un petit peu comme une photo de famille, mais avec ses **copains et ses copines** plutôt qu'avec ses **frères et ses sœurs**. Il y a aussi le **professeur** principal de la classe sur la photo et un des élèves tient **une pancarte** avec **l'année** marquée dessus. Une nouvelle photo de classe est prise **tous les ans**.

Penser - To think
copains et copines - friends (M/F)
frères et sœurs - siblings (M/F)
professeur - teacher
une pancarte – a sign
l'année - the year
tous les ans - every year

Chaque année, Lisa **est contente** de montrer sa photo à ses parents. Cette année, la photo est particulièrement réussie ! Les parents de la jeune fille sont aussi très **curieux** de mieux connaître les camarades de Lisa. Ils en **connaissent** certains car Lisa invite souvent ses amis à la maison. Mais les parents ne connaissent pas tous **les enfants**. Ils demandent à leur fille de leur **parler** de ses copains et copines.

Être content - To be happy
curieux/curieuse - curious (M/F)
connaître - to know
les enfants - the kids
parler - to talk

« Ici, c'est **ma meilleure amie** Lara, dit Lisa en montrant sa copine sur la photo, Vous savez qu'elle est très **gentille** et **drôle**.

- Oui, elle est aussi très **polie**, dit madame Dubois. Quand elle vient à la maison, **elle dit** toujours merci et au revoir avant de **partir**. » Lara a de **longs cheveux bruns** dont elle est très **fière**. Lisa aimerait avoir les mêmes cheveux que son amie.

Mon meilleur ami/ ma meilleure amie - My best friend (M/F)
Gentil/gentile - Kind (M/F)
drôle - funny
poli/polie - polite (M/F)
elle dit (dire) - she says (to say)
partir - to leave
longs cheveux bruns - long brown hair
fier/fière - proud (M/F)

« Là, dit Lisa en montrant **un garçon** sur la photo, c'est Christophe. Il est **intelligent** et curieux. C'est le plus intelligent de la classe. Il a **toujours** de très bons résultats ! Mais il est aussi modeste : il ne se **vante** jamais d'être le meilleur. Je l'aime bien, il est gentil. Et ici, c'est son copain Guillaume. » Guillaume est blond avec **les cheveux courts** et **les yeux bleus**. Lisa explique à ses parents que le père de Guillaume n'est pas français. Il est Allemand et il **travaille** pour une grande **société d'informatique.**

Un garçon - A boy
intelligent - smart
toujours - always
Se vante (se vanter) - Brags (to brag)
les cheveux courts - short hair

les yeux bleus - blue eyes
travailler - to work
société d'informatique - IT company

« **Je n'aime pas** Alexandra, dit Lisa en montrant une autre jeune fille blonde avec des cheveux **ondulés**, Je la trouve **bête** et **méchante**. Elle fait de **mauvaises blagues** aux autres élèves. En plus, elle est très **bavarde**. Elle parle tout le temps durant les cours et les enseignants lui disent de se **taire**. Elle a souvent des **punitions**. Sa meilleure amie, Clotilde, est une fille **branchée**. Elle fait très attention à ses cheveux **frisés**. »

je n'aime pas - I don't like
ondulés - wavy
bête - stupid
méchant - nasty
mauvaises blagues - bad jokes
bavard/bavarde - chatty (M/F)
se taire - to keep quiet
punitions - sanctions/punishements
branchée - trendy
frisés - curly

« Et ton professeur principal ?, demande le papa de Lisa.

- Il est **amusant** et il nous apprend beaucoup de choses intéressantes. Il est très **grand** et **chauve**. **Il porte des lunettes**, mais il ne porte pas de **barbe**. Il était absent le jour de la photo, c'est pour ça qu'il n'est pas dessus. C'est Madame Guillon, la prof de français, qui le remplace sur la photo. Elle est de **taille moyenne**, mais **mince** et avec des cheveux châtains qui vont bien avec ses **yeux verts**. C'est une femme **calme** et **généreuse**. »

amusant - fun
grand - tall
chauve - bald
il porte des lunettes - he wears glasses
barbe - beard
taille moyenne - average height
mince - slim, skinny
yeux verts - green eyes

calme - quiet
Généreux/généreuse - Generous (M/F)

« Là, continue Lisa en montrant d'autres enfants sur la photo, il y a Maxime. C'est le plus **sportif** de la classe. Et ici, c'est Justin, le moins sportif. Tout le monde dit que c'est parce qu'il est **gros**. Moi je pense que Justin n'est pas si gros que ça. Mais c'est vrai qu'il est un peu **paresseux**. Près de moi, c'est Clémence. Elle est sympa. J'aime ses **cheveux mi-longs**, mais elle veut les faire couper bientôt. **Je pense** que c'est un petit peu **dommage**, mais elle fait ce qu'elle préfère. Clémence porte des lunettes, elle voit très mal **autrement**. »

sportif - sporty
gros - fat
paresseux - lazy
cheveux mi-longs - medium long hair
je pense - I think
Dommage - Unfortunate
Autrement - Otherwise

« Et la fille qui tient la pancarte avec l'année écrite dessus, c'est Elsa. Sur la photo, elle est assise par terre, et quand elle debout elle est **petite**. Elle est même plus petite que moi et pourtant je pense que je ne suis pas très grande pour mon âge ! Mais Elsa est **marrante**, elle a beaucoup d'humour et **rigole** tout le temps. Par contre, elle est très **maladroite**. Une fois elle a fait tomber tout son **repas** par terre à **la cantine**. Heureusement, **personne** ne l'a **grondée**. »

petit/petite - small (M/F)
marrant/marrante - funny(M/F)
rigoler - to laugh
maladroit - clumsy
repas - meal
la cantine - the canteen
personne - nobody
gronder - to scold

Lisa a montré tous les élèves à ses parents. La jeune fille n'est pas amie avec **tout le monde**, mais elle pense qu'elle est dans une **bonne** classe. Les enfants **s'entendent bien** entre eux et la classe a de bons résultats dans son ensemble. Lisa explique à ses parents qu'il y a **une autre** classe dans son collège où les enfants ne sont **jamais** calmes et où ils ont tous de **mauvais** résultats. C'est une classe très difficile.

Tout le monde - Everybody
bon/bonne - good (M/F)
s'entendent bien (s'entendre bien) - get along (to get along)
un/une autre - another
jamais - never
mauvais - bad

Comme **tous les ans**, les parents Dubois **achètent** la photo de classe de leur fille. Lisa est contente, car elle peut mettre la photo dans un joli cadre et la poser **sur son bureau**. Elle peut demander à ses amis d'**écrire** un petit mot gentil au dos de la photo. « Maman, papa, est-ce que je peux inviter tous mes copains et mes copines pour mon **prochain anniversaire** ?, demande Lisa à ses parents. «**Bien sûr**, ma chérie. Mais n'invite pas toute ta classe ! »

tous les ans - every year
acheter - to buy
sur son bureau - on her desk
écrire - to write
prochain anniversaire - next birthday
bien sûr ! - of course!

Vocabulary Recap 12 :

Une jeune fille française - A young, French girl
une grande ville - a big city
elle va au collège (aller au collège) - she goes to middle school (to go to middle school)
apprendre - to learn
particulièrement - especially
les cours de langues - The language classes
elle aime (aimer) - she likes (to like)
la jeune fille a beaucoup d'amis - the young girl has many friends
Hier - yesterday
c'était - it was
savaient (savoir) - knew (to know)
un souvenir - a memory
montrer - to show
raconter - to tell
plus jeune - younger
Penser - To think
copains et copines - friends (M/F)
frères et sœurs - siblings (M/F)
professeur - teacher
une pancarte – a sign
l'année - the year
tous les ans - every year
Être content - To be happy
curieux/curieuse - curious (M/F)
connaître - to know
les enfants - the kids
parler - to talk
Mon meilleur ami/ ma meilleure amie - My best friend (M/F)
Gentil/gentile - Kind (M/F)
drôle - funny
poli/polie - polite (M/F)
elle dit (dire) - she says (to say)
partir - to leave
longs cheveux bruns - long brown hair
fier/fière - proud (M/F)
Un garçon - A boy
intelligent - smart

toujours - always
Se vante (se vanter) - Brags (to brag)
les cheveux courts - short hair
les yeux bleus - blue eyes
travailler - to work
société d'informatique – IT company
je n'aime pas - I don't like
ondulés - wavy
bête - stupid
méchant - nasty
mauvaises blagues - bad jokes
bavard/bavarde - chatty (M/F)
se taire - to keep quiet
punitions - sanctions/punishements
branchée - trendy
frisés - curly
amusant - fun
grand - tall
chauve - bald
il porte des lunettes - he wears glasses
barbe - beard
taille moyenne - average height
mince - slim, skinny
yeux verts - green eyes
calme - quiet
Généreux/généreuse - Generous (M/F)
sportif - sporty
gros - fat
paresseux - lazy
cheveux mi-longs - medium long hair
je pense - I think
Dommage - Unfortunate
Autrement - Otherwise
petit/petite - small (M/F)
marrant/marrante - funny(M/F)
rigoler - to laugh
maladroit - clumsy
repas - meal
la cantine - the canteen
personne - nobody
gronder - to scold

Tout le monde - Everybody
bon/bonne - good (M/F)
s'entendent bien (s'entendre bien) - get along (to get along)
un/une autre - another
jamais - never
mauvais - bad
tous les ans - every year
acheter - to buy
sur son bureau - on her desk
écrire - to write
prochain anniversaire - next birthday
bien sûr ! - of course!

Histoire/Story 13
Un dîner chez les Marchais

La famille Marchais **habite** dans une belle maison à **la campagne**. Le **jardin** est très **grand,** ce qui rend les trois enfants très **contents**. Les enfants peuvent **courir** dans le jardin et jouer avec leur chien. Leur jeu favori est de se **cacher** derrière les arbres. **En été**, la famille invite souvent des amis à dîner. Comme il fait beau et que la nuit on **se couche tard,** les parents installent la table dans le jardin. En plus, il y a une belle vue sur la **campagne environnante**.

Habiter - To live
la campagne - the countryside
jardin - garden
grand - big
content - happy
courir - to run
cacher - to hide
se couche tard - stay up late
en été - during summer
campagne environnante - surrounding countryside

C'est **les vacances d'été** et les enfants ne vont pas à l'école pendant **deux mois**. Leur mère, Sybille, ne travaille pas pendant le mois de juillet et peut ainsi **s'occuper de** ses trois enfants. Les enfants invitent souvent des amis à la maison pour jouer **avec eux.** Mais pas **aujourd'hui**, non. Car aujourd'hui, il y a trop de choses à **faire** ! Ce soir, monsieur et madame Marchais invitent un couple d'amis à dîner.

Les vacances d'été - The summer holidays
deux mois - two months
s'occuper de - to take care of
avec eux - with them
aujourd'hui - today
faire - to do

Alors il faut tout **préparer** dans la journée ! Il y a la table et **les chaises** à sortir dans le jardin et il faut ranger un peu la maison. Il faut aussi **mettre la table** et la décorer et surtout il faut préparer **le repas** du soir ! Comme ce n'est pas **tous les jours** que les Marchais reçoivent des invités, Sybille veut préparer **quelque chose** d'exceptionnel. Avec ses enfants, elle **quitte la maison** pour aller **faire les courses** au supermarché.

Préparer - To prepare
les chaises - the chairs
mettre la table - to set the table/to lay the table
le repas - the meal
quelque chose - something
quitter la maison - to leave the house
faire les courses - to go shopping

À leur retour, tout le monde range les courses. La famille **a acheté** beaucoup de produits et de choses à manger, et pas seulement pour le repas de ce soir mais **pour toute la semaine**. Le supermarché est **loin** de la maison et les Marchais n'y vont pas tous les jours. C'est pour ça que Sybille a acheté du **poulet**, du **fromage**, du **sucre**, du **beurre**, du **pain**, des **œufs**, de la **confiture**, du chocolat et des **bonbons** pour les enfants. Et aussi des **pâtes** et des **saucisses** car c'est le plat favori des trois enfants. Quand tout est rangé, les enfants **aident** à préparer le repas.

Acheter - To buy
pour toute la semaine - for the whole week
loin - far away
poulet - chicken
fromage - cheese
sucre - sugar
beurre - butter
pain - bread
œufs - eggs
confiture - jam
bonbons - candy
pâtes - pasta
saucisses - sausages
aider - to help

Anna est la plus grande des trois enfants. Elle a seize ans et elle décide de faire une salade de fruits. La jeune fille **lave** les différents fruits puis les **coupe** en **petits morceaux**. Dans un **grand** saladier, elle met ensuite les morceaux de **pommes**, de **poires**, **d'ananas**, de bananes et de **fraises**. Elle **ajoute** des **raisins** et des **cerises**. Sa mère lui dit de verser un peu de jus de **citron** dans le **saladier,** avec le jus des fruits et de ne pas mettre de **prunes** ni de kiwis car leurs amis n'aiment pas ça.

Laver - To wash
Coupe(couper) - Cuts(to cut)
petit - small
morceaux - pieces
grand - big
pomme - apple
poire - pear

129

ananas - pineapple
fraises - strawberries
Ajoute(ajouter) - Adds (to add)
raisins - grapes
cerises - cherries
citron - lemon
saladier - salad bowl
prunes - plums

De leur côté, les deux plus jeunes garçons de la maison, Mathieu et Fabien, **réfléchissent** aux **boissons**. Leur maman leur donne quelques **conseils** à **ce sujet**. « Il faut de la **bière** et du **vin** pour les adultes, dit la mère.

- Il faut aussi de la **limonade** et du coca pour les enfants, dit Mathieu.

- Et de **l'eau** pour tout le monde !, dit Fabien.

- Oui, tu as raison. Et il faut sortir le **thé** et le **café** pour le dessert.

- Moi, je prendrais un **chocolat chaud** !, dit le plus jeune des fils, J'aime le **lait**, c'est bon. »

réfléchissent (réfléchir) - think (to think)
les boissons - the drinks
conseils - advices
ce sujet - this subject
bière - beer
vin - wine
limonade - lemonade
coca - coke
eau - water
thé - tea
café - coffee
chocolat chaud - hot chocolate
lait - milk

Pendant que les garçons mettent la table dans **le jardin**, madame Marchais prépare le plat principal du dîner. Ce sera du **poisson**, du saumon plus précisément, avec des **légumes**. Il faut faire **cuire** le poisson au **four** et les légumes dans une **marmite**. La femme voulait faire de la **viande**, mais elle pense que le poisson est meilleur pour ce soir. Pour préparer ce plat, elle suit une recette dans **un livre** de cuisine.

Le jardin - The garden
poisson - fish
légumes - vegetables
cuire - to cook
four - oven
marmite - pot
viande - meat
un livre - a book

« Lavez les légumes et **nettoyez** le poisson, lit-elle dans le livre, **pelez** les légumes et **coupez**-les en **rondelles**. **Faîtes bouillir** de l'eau dans une marmite ou une grande **casserole** et **faîtes chauffer** le four. Ajoutez les légumes dans l'eau avec du **sel**, et portez de nouveau à **ébullition**. **Remuez** les légumes de temps en temps. **Saupoudrez** le poisson d'herbes et **laissez-le dorer** au four. Après la cuisson, il est conseillé de **laisser refroidir** un peu le plat avant de le servir.» **En entrée**, la femme prépare du **melon** avec du **jambon**.

Nettoyer - To clean
peler - to peel
couper - to cut
rondelles - slices
faîtes bouillir (bouillir) - boil (to boil)
casserole - Saucepan/pan
faîtes chauffer (chauffer) - heat (to heat)
portez à ébullition - bring to aboil
Remuez (remuer) - Stir (to stir)
sel - salt
saupoudrez (saupoudrer) - sprinkle (to sprinkle)
faîtes dorer (dorer) - brown (to brown)
laisser refroidir (refroidir) - allow to cool (to cool)
en entrée - as an appetizer
melon - melon
jambon - ham

Dans le jardin, la table est installée. Mais Fabien et Mathieu ont **trouvé** les bonbons et ils font **une pause**. Le jardin des Marchais est vraiment grand et la famille a un **potager** pour cultiver des légumes. « J'aime les carottes et les **pommes de terre**, dit Fabien à son frère.

131

-Moi aussi, mais je préfère les **petits pois** et les **haricots verts**, répond Mathieu.

- Regarde les belles salades ! Elles sont grosses !

- Oui, mais pas aussi grosses que les **choux**.

- **Je n'aime pas** le chou, dit Fabien. Mais j'aime le **chou-fleur**.

- Moi, ce sont les **champignons** et le **concombre** que je n'aime pas. »

trouver - to find
un potager - vegetable garden
une pause - a break
pommes de terre - potatoes
petits pois - peas
haricots verts - green beans
chou - cabbage
chou-fleur - cauliflower
je n'aime pas - I don't like
champignon - mushroom
concombre - cucumber

Heureusement pour les garçons, il n'y a pas de champignons dans le repas de ce soir ! Tout est presque prêt et les enfants sont de plus en plus excités que les invités arrivent. **Le couple d'amis** invité connaît très bien la famille Marchais. La femme est une **vieille connaissance** de Sybille et son **mari** a travaillé avec monsieur Marchais. Le couple d'amis a vu grandir les trois enfants et vient à **chaque anniversaire**.

Heureusement - Fortunately
le couple d'amis - the couple of friends
vieille connaissance - old acquaintance
mari - husband
chaque anniversaire - every birthday

La famille Marchais est vraiment contente de recevoir ces amis à dîner. Le couple **apporte des fleurs** et **une bouteille de vin** en arrivant. Sybille est très **heureuse** et souriante. Elle **espère** que le repas sera bon et va plaire à ses amis. Les trois enfants, eux, sont sûrs que le dessert sera très bon : Fabien **a déjà goûté** la salade de fruits !

Apporter des fleurs - To bring flowers
une bouteille de vin - a bottle of wine
heureuse - glad
espérer - to hope
il a déjà goûté - he has already tasted

Vocabulary Recap 13 :

Habiter - To live
la campagne - the countryside
jardin - garden
grand - big
content - happy
courir - to run
cacher - to hide
se couche tard - stay up late
en été - during summer
campagne environnante - surrounding countryside
Les vacances d'été - The summer holidays
deux mois - two months
s'occuper de - to take care of
avec eux - with them
aujourd'hui - today
faire - to do
Préparer - To prepare
les chaises - the chairs
mettre la table - to set the table/to lay the table
le repas - the meal
quelque chose - something
quitter la maison - to leave the house
faire les courses - to go shopping
Acheter - To buy
pour toute la semaine - for the whole week
loin - far away
poulet - chicken
fromage - cheese
sucre - sugar
beurre - butter
pain - bread
œufs - eggs
confiture - jam
bonbons - candy
pâtes - pasta
saucisses - sausages
aider - to help
Laver - To wash

134

Coupe(couper) - Cuts(to cut)
petit - small
morceaux - pieces
grand - big
pomme - apple
poire - pear
ananas - pineapple
fraises - strawberries
Ajoute (ajouter) - Adds (to add)
raisins - grapes
cerises - cherries
citron - lemon
saladier - salad bowl
prunes - plums
réfléchissent (réfléchir) - think (to think)
les boissons - the drinks
conseils - advices
ce sujet - this subject
bière - beer
vin - wine
limonade - lemonade
coca - coke
eau - water
thé - tea
café - coffee
chocolat chaud - hot chocolate
lait - milk
Le jardin - The garden
poisson - fish
légumes - vegetables
cuire - to cook
four - oven
marmite - pot
viande - meat
un livre - a book
Nettoyer - To clean
peler - to peel
couper - to cut
rondelles - slices
faîtes bouillir (bouillir) - boil (to boil)
casserole - Saucepan/pan

faîtes chauffer (chauffer) - heat (to heat)
portez à ébullition - bring to aboil
Remuez (remuer) - Stir (to stir)
sel - salt
saupoudrez (saupoudrer) - sprinkle (to sprinkle)
faîtes dorer (dorer) - brown (to brown)
laisser refroidir (refroidir) - allow to cool (to cool)
en entrée - as an appetizer
melon - melon
jambon - ham
trouver - to find
un potager - vegetable garden
une pause - a break
pommes de terre - potatoes
petits pois - peas
haricots verts - green beans
chou - cabbage
chou-fleur - cauliflower
je n'aime pas - I don't like
champignon - mushroom
concombre - cucumber
Heureusement - Fortunately
le couple d'amis - the couple of friends
vieille connaissance - old acquaintance
mari - husband
chaque anniversaire - every birthday
Apporter des fleurs - To bring flowers
une bouteille de vin - a bottle of wine
heureuse - glad
espérer - to hope
il a déjà goûté - he has already tasted

Histoire/Story 14
Le comité de quartier

    Chaque mois, le mercredi soir, Monsieur Jean Pouilloux se rend à la **réunion** du comité de **quartier**. Cette réunion **a lieu** une fois **par mois** et elle **rassemble** les habitants du quartier. **Ensemble**, les habitants **parlent** des problèmes du quartier, proposent des idées d'**améliorations** et des suggestions qu'ils font ensuite parvenir au **maire** de la ville. Jean Pouilloux **habite** dans une ville de taille moyenne et Monsieur le Maire est très **ouvert** aux propositions de ses **concitoyens**.

Chaque mois - Every month
Réunion - meeting
quartier - neighborhood
a lieu (avoir lieu) - takes place (to take place)
par mois - per month
Rassemble (rassembler) - Gathers (to gather)
Ensemble - together
améliorations - improvements
parler - to talk
le maire - the mayor
habiter - to live
être ouvert - to be open
concitoyens - fellow citizens

La réunion du comité se fait dans **la cantine** de l'école. Il n'y a pas de **salle des fêtes** à proximité et tout le monde pense que c'est plus pratique de **faire** la réunion dans **l'école**. Comme c'est **le soir**, les cours sont terminés et il n'y a plus **d'élèves**. L'école est **vide** et les habitants sont **tranquilles** pour faire la réunion.

La cantine - The canteen
salle des fêtes - community center
à proximité - near
faire - to do
l'école - the school
le soir - the evening
élèves - students
vide - empty
tranquilles - not disturbed

Comme d'habitude, Jean **apporte des boissons**, surtout des sodas. D'autres personnes apportent des gâteaux **fait maison** ou des choses à manger. La réunion a lieu le soir, vers l'heure du repas. **Certains** pensent que ce n'est pas très **pratique**, mais la plupart des habitants sont **contents** de cet horaire. Monsieur Pouilloux n'a pas d'avis. Il est retraité maintenant. Avant, il était **agriculteur** et habitait à la campagne.

Comme d'habitude - As usual
apporter des boissons - to bring drinks
fait maison - home-made
certains - some people

pratique - convenient
Content/contente - Happy (M/F)
agriculteur/agricultrice - farmer (M/F)

Le sujet principal de ce soir est **la fête du Carnaval**. Elle a lieu tous les ans à la même période pour fêter **la fin de l'hiver** et l'arrivée du printemps. Il y a un grand **défilé** dans toute la ville et les gens sont déguisés. Le défilé passe dans tous les quartiers de la ville. Le comité de quartier de ce soir doit **choisir** le **chemin** du défilé de cette année.

La fête du Carnaval - The Carnival
la fin de l'hiver - the end of winter
defilé - parade
choisir - to choose
chemin - road/path

Madame Gilbert, **la boulangère**, ne veut pas que le défilé passe devant chez elle. « Les gens font trop de bruit et l'après-midi, mon fils **fait la sieste**. » **Le coiffeur** est d'accord, il ne veut pas non plus que le défilé passe **devant sa maison**. Monsieur Pouilloux **écrit** la remarque dans un **carnet**. C'est lui qui prend les notes ce soir. Il écrit également que la boulangère et le coiffeur habitent le même quartier que **l'infirmier** de l'école.

Le boulanger/la boulangère - The baker (M/F)
Faire la sieste - To take a nap
le coiffeur/la coiffeuse - a hair-stylist/hairdresser (M/F)
devant sa maison - in front of his house
écrire - to write
carnet - notebook
l'infirmier/l'infirmière - the nurse (M/F)

Eric Campion est **le photographe** officiel de la ville. Il est aussi **journaliste**. Il n'habite pas ce quartier, mais il pense que le défilé doit passer par **le petit parc**. « Je suis d'accord, dit Madame Lefevre. En plus, ça fera de jolies photos. » Madame Lefevre est **avocate**. Son mari est dentiste et leur fils, Christophe, est un artiste. Il **peint** des **tableaux** et il **montre** souvent ses œuvres dans le hall de la mairie. Une fois, Christophe a fait **une exposition** où il y avait aussi des photographies prises par Eric.

Photographe (M/F) - Photographer (M/F)
journaliste (M/F) - journalist (M/F)

le petit parc - the small park
Avocat/avocate - lawyer (M/F)
peint (peindre) - Paints (to paint)
tableaux - paintings
montrer - to show
une exposition - an exhibition

Christophe Lefevre travaille parfois avec d'autres artistes de la ville. Souvent, ce sont des **acteurs**, des **danseurs**, des **musiciens** et des **chanteurs**. Ensemble, ils préparent des spectacles. Christophe peint les **décors**. C'est dans cette troupe d'artistes que le jeune homme a rencontré **sa petite amie**, Annabelle. Elle est danseuse et rêve d'être actrice.

Acteur/actrice - Actor/actress
danseur/danseuse - a dancer (M/F)
musicien/musicienne - a musician (M/F)
chanteur/chanteuse - singer (M/F)
décors - stage sets
sa petite amie - his girlfriend

Monsieur Fournier est **architecte**. En ce moment, il travaille à la construction de maisons dans le quartier ouest, de l'autre côté de la ville. L'homme aime faire des **cartes** et il connaît très bien la ville. Il propose **un chemin** pour le défilé à travers tout le quartier. « Le défilé ne peut pas passer par cette **rue,** dit Madame Michel, La rue est **étroite** et tout le temps **en travaux**. » Madame Michel est **institutrice** et elle sait très bien de quoi elle parle : elle prend cette rue tous les matins en **voiture** pour aller à l'école.

Architecte(M/F) - architect (M/F)
une carte - a map
un chemin - a way
la rue - the street
étroite - narrow
en travaux - under construction
instituteur/institutrice - primary school teacher (M/F)
voiture - car

Ce changement n'arrange pas Monsieur Fournier. L'homme **réfléchit à** un nouveau chemin. « Et **pourquoi pas** de ce côté ? », propose une jeune femme. La fille est **nouvelle** dans le quartier. Elle est **vendeuse** dans une boutique de vêtements et elle est très amie avec **la pharmacienne** qui est aussi sa voisine. La pharmacienne n'est pas venue à la réunion de ce soir.

Réfléchir à - To think about
pourquoi pas - why not
nouveau/nouvelle - new (M/F)
vendeur/vendeuse - salesman/saleswoman
pharmacien/pharmacienne - pharmacist (M/F)

Les habitants du quartier **regardent** la carte de la ville. **Ce n'est pas facile** de faire un bon chemin ! **Le serveur** veut passer par ici, **l'ingénieur** pense qu'il faut passer par là... Personne n'**est d'accord** et c'est un vrai puzzle ! Les discussions sont **animées**. Le coiffeur parle avec le journaliste, l'infirmier avec l'avocate, la boulangère avec **un homme d'affaires**. Et Monsieur Pouilloux **écoute** tout le monde et écrit dans son carnet.

Regarder - To look
ce n'est pas facile - it's not easy
serveur/serveuse - waiter/waitress
ingénieur (M/F) - engineer (M/F)
être d'accord - to agree
animées - heated
homme d'affaires - businessman
écouter - to listen

« Non, je ne suis pas d'accord, dit Madame Gilbert, la boulangère. **Je ne veux pas** que le défilé passe devant chez moi !

- Mais c'est le chemin le plus simple et le plus pratique, dit le serveur. Puis le défilé ne **dure** pas **toute la journée**, madame. » La boulangère et le serveur **se disputent**. Ils parlent fort et tout le monde arrête de parler pour les écouter. L'institutrice vient pour les calmer. « Ne nous énervons pas, dit-elle. Nous allons **trouver** une solution qui rend **tout le monde** content. »

je ne veux pas - I don't want
Dure (durer) - Lasts (to last)
toute la journée - all day long
se disputer - to argue
trouver - to find
tout le monde - everybody

Après **deux heures** de discussions, Monsieur Pouilloux a écrit **beaucoup** de choses dans son carnet. Son stylo **ne marche** presque **plus**. Beaucoup de chemins différents sont proposés et étudiés, mais personne n'est encore d'accord. Finalement, comme il est un peu **tard** et que les habitants veulent **rentrer chez eux**, ils demandent à Jean de choisir car c'est le plus **vieux** de la réunion. « **Je ne sais pas** quel est **le meilleur** chemin pour le défilé », dit Jean. Mais comme il faut choisir, Monsieur Pouilloux prend une des propositions au hasard.

Deux heures - two hours
beaucoup - many
Ne marche plus (marcher) - No longer works (to walk, here it means to work)
tard - late
rentrer chez eux - go home
vieux - old
je ne sais pas - I don't know
le meilleur - the best

Les autres habitants du quartier regardent la proposition choisie. Il y a des hochements de tête et des 'oui' qui se font entendre. « Oui, ce chemin **semble être** le meilleur », conclut l'architecte. Finalement, les habitants du quartier se sont mis d'accord ! Ils vont rentrer chez eux et la proposition de chemin sera donnée à Monsieur le Maire **le lendemain.** Une fois chez lui, Monsieur Pouilloux **dit** à sa femme qu'il est content que le Carnaval défile une seule fois dans **l'année** !

Semble être - It seems to be
le lendemain - the day after
il dit (dire) - he says (to say)
l'année - the year

Vocabulary Recap 14:

Chaque mois - Every month
Réunion - meeting
quartier - neighborhood
a lieu (avoir lieu) - takes place (to take place)
par mois - per month
Rassemble (rassembler) - Gathers (to gather)
Ensemble - together
améliorations - improvements
parler - to talk
le maire - the mayor
habiter - to live
être ouvert - to be open
concitoyens - fellow citizens
La cantine - The canteen
salle des fêtes - community center
à proximité - near
faire - to do
l'école - the school **le soir** the evening
élèves - students
vide - empty
tranquilles - not disturbed
Comme d'habitude - As usual
apporter des boissons - to bring drinks
fait maison - home-made
certains - some people
pratique - convenient
Content/contente - Happy (M/F)
agriculteur/agricultrice - farmer (M/F)
La fête du Carnaval - The Carnival
la fin de l'hiver - the end of winter
defilé - parade
choisir - to choose
chemin - road/path
Le boulanger/la boulangère - The baker (M/F)
Faire la sieste - To take a nap
le coiffeur/la coiffeuse - a hair-stylist/hairdresser (M/F)
devant sa maison - in front of his house
écrire - to write

carnet - notebook
l'infirmier/l'infirmière - the nurse (M/F)
Photographe (M/F) - Photographer (M/F)
journaliste (M/F) - journalist (M/F)
le petit parc - the small park
Avocat/avocate - lawyer (M/F)
peint (peindre) - Paints (to paint)
tableaux - paintings
montrer - to show
une exposition - an exhibition
Acteur/actrice - Actor/actress
danseur/danseuse - a dancer (M/F)
musicien/musicienne - a musician (M/F)
chanteur/chanteuse - singer (M/F)
décors - stage sets
sa petite amie - his girlfriend
Architecte(M/F) - architect (M/F)
une carte - a map
un chemin - a way
la rue - the street
étroite - narrow
en travaux - under construction
instituteur/institutrice - primary school teacher (M/F)
voiture - car
Réfléchir à - To think about
pourquoi pas - why not
nouveau/nouvelle - new (M/F)
vendeur/vendeuse - salesman/saleswoman
pharmacien/pharmacienne - pharmacist (M/F)
Regarder - To look
ce n'est pas facile - it's not easy
serveur/serveuse - waiter/waitress
ingénieur (M/F) - engineer (M/F)
être d'accord - to agree
animées - heated
homme d'affaires - businessman
écouter - to listen
je ne veux pas - I don't want
Dure (durer) - Lasts (to last)
toute la journée - all day long
se disputer - to argue

trouver - to find
tout le monde - everybody
Deux heures - two hours
beaucoup - many
Ne marche plus (marcher) - No longer works (to walk, here it means to work)
tard - late
rentrer chez eux - go home
vieux - old
je ne sais pas - I don't know
le meilleur - the best
Semble être - It seems to be
le lendemain - the day after
il dit (dire) - he says (to say)
l'année - the year

Histoire/Story 15
Edward prend le train jusqu'à Paris

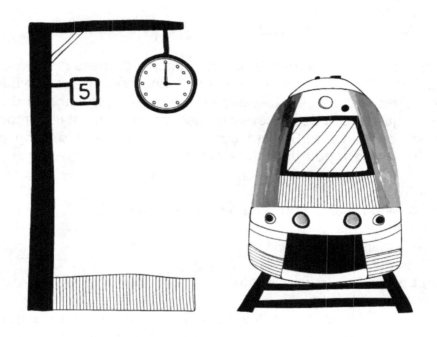

Edward est **un jeune homme anglais**. Pendant l'année, il est étudiant à l'université, mais durant l'été, comme il n'y a pas de cours, le garçon est en **vacances**. Cette année, Edward **passe une semaine** dans le nord de la France, chez un couple d'amis de ses parents. Le couple est très gentil. Il vit à **la campagne**, dans une grande maison avec **une chambre d'ami** pour **les invités**. Edward trouve la vue sur la campagne très **agréable**. Tous les soirs, il regarde le paysage par **la fenêtre avant d'aller au lit.**

Un jeune homme anglais - A young English man
les vacances - the holidays
Passe (passer) - Spend (a week) (to spend)
une semaine - a week
la campagne - the countryside
une chambre d'ami - a spare bedroom
les invités - the guests
agréable - pleasant
la fenêtre - the window
avant d'aller au lit - before bed

Durant son séjour en France, Edward décide de passer un week-end entier à Paris. Les amis de ses parents l'encouragent à aller **visiter** la capitale : c'est une bonne expérience pour lui, il y a **beaucoup de choses à voir**, que ce soit des **musées** ou des monuments, et le garçon peut **améliorer** son français. Edward **est vraiment content** de son projet, même s**'il a un petit peu peur** de la grande ville.

Visiter - To visit
beaucoup de choses à voir - many things to see
musées - museums
améliorer - to improve
être vraiment content - to be really happy
avoir un peu peur - to be a bit afraid

Ensemble, Edward et ses hôtes **regardent** sur internet **les horaires** des **prochains trains**. Il y a des **TGV** qui vont directement de Rouen à Paris. Le **trajet** est assez court et prend peu de temps. Autrement, il y a des **TER**, mais Edward veut arriver vite à Paris et ne pas avoir à changer de train. Le jeune homme a peur de **se perdre** ou de **manquer** son train s'il y a des changements. Ils regardent les horaires pour le lendemain.

Regarder - To look
les horaires - the schedule
les prochains trains - the next trains
TGV - High Speed Train
Trajet - Route
TER - Regional train
se perdre - to get lost
manquer - to miss

Le jeune homme part donc **le lendemain**. Il se lève à **six heures moins dix** pour être prêt à **sept heures et demie** car le train part à **huit heures moins vingt-cinq**. C'est son hôte qui le conduit en voiture jusqu'à **la gare** de Rouen. Devant la gare, l'homme dit à Edward de **faire attention** et de bien profiter de son voyage. Le garçon trouve ce monsieur vraiment très gentil. Il lui **achètera** un petit **cadeau** à Paris pour **le remercier**.

Le lendemain - The day after /the next day
six heures moins dix - ten to six
sept heures et demie   - half past seven 7:30am
huit heures moins vingt-cinq   - twenty-five to eight 7:35am
la gare - the train station
faire attention - to be careful
achètera (acheter) - will buy (to buy)
un cadeau - a gift
pour le remercier - to thank him

Edward est **en avance** et le train n'est pas encore parti. Il y a **peu de monde** ce matin dans la gare, c'est calme. Le jeune homme va **au guichet** pour acheter son billet. Il peut aussi l'**acheter** sur une **borne automatique** et payer avec sa **carte de crédit**, mais il préfère aller au guichet pour demander s'ils vendent des **cartes** de Paris.

En avance - early
peu de monde - few people
guichet - ticket office
acheter - to buy
borne automatique - vending machine
carte de crédit - credit card
carte - map

« Bonjour, dit Edward à la femme du guichet, je veux **un billet** pour le prochain train qui va à Paris, **s'il-vous-plaît**.

- Un **aller simple** ?, demande la femme.
- Non, je veux un **aller-retour.** »

Edward pense que c'est plus simple et plus **pratique** d'acheter un billet aller-retour maintenant. Comme ça, s'il est **en retard** pour prendre le train du retour, il n'aura pas à **courir** au guichet pour acheter un autre billet.

Un billet - A ticket
s'il-vous-plaît - please
aller simple - single (ticket), one-way (ticket)
aller-retour - return (ticket), two-way (ticket)
pratique - convenient
en retard - late
courir - to rush

Edward a son billet en main. Il passe devant **la salle d'attente** pour rejoindre **le quai**. Dans la salle d'attente, le jeune homme voit qu'il y a beaucoup de personnes. Peut-être qu'un des trains est très en retard. Heureusement, ces personnes ont des **livres** et des magazines pour **s'occuper.** Les enfants ont des **jouets** pour s'amuser et certains adultes **parlent** entre eux. Il y a aussi une machine à café dans la salle d'attente.

Salle d'attente - Waiting room
le quai - the platform
livres - books
s'occuper - to keep yourself busy
jouets - toys
parler - to talk

Edward trouve la bonne **voie** et voit son train sur le quai. Il va au composteur pour **composter** son billet. Le garçon se rend compte alors qu'il a oublié de demander **le renseignement** qu'il voulait. **Tant pis,** il **trouvera** une carte de Paris plus tard car le train va bientôt partir. Edward n'a plus le temps de retourner au guichet pour **demander** son renseignement.

La voie - The platform
composter - to validate (the ticket)
le renseignement - The information
tant pis - never mind
trouvera (trouver) - will find (to find)
demander - to ask

Le jeune homme **monte** dans le train et **traverse** le wagon. Le placement est **libre**, donc il peut **s'asseoir** où il veut. Mais beaucoup de places son déjà occupées. Edward avance et trouve un siège **vide** près de la fenêtre, à côté d'un autre passager. « Excusez-moi, dit Edward. Est-ce que la place est **occupée** ?

- Non, elle est libre, répond le passager. Vous pouvez vous asseoir»

Edward remercie l'homme. Il est content d'avoir trouvé une bonne place. Avec la fenêtre, il peut regarder **le paysage** durant le voyage.

Monter - To get on
Traverse (traverser) - Crosses (to cross) (the wagon/train car)
libre - free
s'asseoir - to sit
vide - empty
occupé - taken
le paysage - the landscape

Le train est **à l'heure** et le voyage se passe bien. Il dure **deux heures** et Edward arrive à Paris avant **midi**. Mais il voit sur son billet de retour que le train pour revenir à Rouen part à **dix-huit heures** et arrive... à **vingt-trois heures cinq** ! Edward n'a pas fait attention en l'achetant. Il vérifie et il voit qu'il y a des changements. C'est pour ça que le trajet est long, ce n'est pas un TGV.

À l'heure - On time
deux heures - two hours
midi - noon
dix huit heures - six o'clock/18:00
vingt-trois heures cinq - eleven past five/23:05

Edward **descend** du train en étant un peu perturbé par ce billet de retour. Il décide d'aller le faire **échanger** à un guichet de la gare de Paris. Il veut revenir chez le couple d'amis qui l'**héberge** bien **avant minuit** et il **faut compter** le trajet en voiture. Le garçon passe devant **la consigne** pour aller au guichet. Il n'a pas de bagage à déposer, heureusement.

Descendre - to get off (the train)
échanger - to exchange
l'héberge (héberger) - host (to host)
avant minuit - before midnight
faut compter - should take into consideration
la consigne - left luggage office

Au guichet, il y a beaucoup plus de monde qu'à la gare de Rouen, mais la queue **avance vite**. C'est au tour d'Edward et le monsieur qui s'occupe du guichet accepte d'échanger le billet. Il propose au jeune homme de nouveaux horaires : soit **trois heures**, soit **quatre heures et quart** soit **cinq heures moins le quart**. Edward réfléchit et prend le billet pour le train qui part à **seize heures quarante-cinq**.

Trois heures - Three o'clock
quatre heures et quart - quarter past four
cinq heures moins le quart/seize heures quarante-cinq - quarter to five/16:45

Voilà, Edward est à Paris, son **sac à dos** sur **les épaules**, son billet de retour en **poche** et il a même trouvé une carte de la ville ! Sa chambre d'**hôtel** est déjà réservée et le jeune homme est impatient de commencer à visiter. Il y a beaucoup de choses à **voir** à Paris et Edward n'a pas fait de programme. En **deux jours**, il espère voir un maximum de choses et surtout passer un bon moment. Après, il faudra **prendre de nouveau le train** pour rentrer, mais le garçon aura plein de souvenirs en tête pour le trajet !

Sac à dos - Backpack
Les épaules - The shoulders
poche - pocket
hôtel - hotel
voir - to see
deux jours - two days
prendre de nouveau le train - to take the train again

Vocabulary recap 15 :

Un jeune homme anglais - A young English man
les vacances - the holidays
Passe (passer) - Spend (a week) (to spend)
une semaine - a week
la campagne - the countryside
une chambre d'ami - a spare bedroom
les invités - the guests
agréable - pleasant
la fenêtre - the window
avant d'aller au lit - before bed
Visiter - To visit
beaucoup de choses à voir - many things to see
musées - museums
améliorer - to improve
être vraiment content - to be really happy
avoir un peu peur - to be a bit afraid
Regarder - To look
les horaires - the schedule
les prochains trains - the next trains
TGV - High Speed Train
Trajet - Route
TER - Regional train
se perdre - to get lost
manquer - to miss
Le lendemain - The day after /the next day
six heures moins dix - ten to six
sept heures et demie   - half past seven 7:30am
huit heures moins vingt-cinq   - twenty-five to eight 7:35am
la gare - the train station
faire attention - to be careful
achètera (acheter) - will buy (to buy)
un cadeau - a gift
pour le remercier - to thank him
En avance - early
peu de monde - few people
guichet - ticket office
acheter - to buy
borne automatique - vending machine

153

carte de crédit - credit card
carte - map
Un billet - A ticket
s'il-vous-plaît - please
aller simple - single (ticket), one-way (ticket)
aller-retour   - return (ticket), two-way (ticket)
pratique - convenient
en retard - late
courir - to rush
Salle d'attente   - Waiting room
le quai   - the platform
livres - books
s'occuper - to keep yourself busy
jouets - toys
parler - to talk
La voie - The platform
composter - to validate (the ticket)
le renseignement - The information
tant pis - never mind
trouvera (trouver) - will find (to find)
demander - to ask
Monter - To get on
Traverse (traverser) - Crosses (to cross) (the wagon/train car)
libre - free
s'asseoir - to sit
vide - empty
occupé   - taken
le paysage - the landscape
À l'heure - On time
deux heures - two hours
midi - noon
dix huit heures - six o'clock/18:00
vingt-trois heures cinq - eleven past five/23:05
Descendre - to get off (the train)
échanger - to exchange
l'héberge (héberger) - host (to host)
avant minuit - before midnight
faut compter - should take into consideration
la consigne - left luggage office
Trois heures - Three o'clock

quatre heures et quart - quarter past four
cinq heures moins le quart/seize heures quarante-cinq - quarter to five/16:45
Sac à dos - Backpack
Les épaules - The shoulders
poche - pocket
hôtel - hotel
voir - to see
deux jours - two days
prendre de nouveau le train - to take the train again

Audio download instructions

- Copy and paste this link into your browser: http://www.talkin-french.com/download-mp3-learn-french-stories-beginners/

- Click on the book cover. It will take you to a Dropbox folder containing each individual file. (If you're not familiar with what Dropbox is or how it works, don't panic, it just a storage facility.)

- Click the DOWNLOAD button in the Dropbox folder located in the upper right portion of your screen. A box may pop up asking you to sign in to Dropbox. Simply click, "No thanks, continue to download" under the sign in boxes. (If you have a Dropbox account, you can choose to save it to your own Dropbox so you have access anywhere via the internet.)

- The files you have downloaded will be saved in a .zip file. Note: This is large file. Don't try opening it until your browser tells you that it has completed the download successfully (usually a few minutes on a broadband connection but if your connection is unreliable, it could take 10 to 20 minutes).

- The files will be in your "downloads" folder unless you have changed your settings. Extract them from the folder and save them to your computer or copy to your preferred devices, *et voilà* *!* You can now listen to the audio anytime, anywhere.

Additional instructions for iOS users

Talk in French products are completely compatible with all iOS devices but due to the limited control of the file system in Apple devices, you'll first need to download the files to your computer. After following the download instructions above you will need to:

1. **Import the file in iTunes.** (To make sure the files are copied to your internal library, go to iTunes > Edit>Preferences and click on the Advanced tab. Make sure they get transferred into the correct iTunes folder by checking the destination in the "iTunes

Media folder location" box.) Then, in iTunes, select File > Add Folder to Library. Navigate to the folder where you placed the audio files. Then, highlight the folder and click, "Select Folder." Your files will be copied into your iTunes Media Library and will appear in your Music application under the artist, "Talk in French."

2. **Sync your iPad/iPhone with iTunes/iCloud.** You can now sync your device using iTunes or iCloud

3. **Questions?** If you have questions on downloading the book to your iOS device I recommend this YouTube video: https://www.youtube.com/watch?v=a_1VDD9KJhc? (You can skip the video over 1 minute and 20 seconds.)

I am here to help

J'adore my language and culture and would love to share it with you.

Should you have any questions regarding my book, the French language and culture, or technical issues, I am happy to answer them. You can contact me via email or through the Talk in French Facebook page.

Email: Frederic@talkinfrench.com
Facebook: facebook.com/talkinfrench

CPSIA information can be obtained
at www.ICGtesting.com
Printed in the USA
BVHW012121260619
551913BV00028B/78/P